図解 トラブルを防ぐ!
外国人雇用の実務

弁護士
中西優一郎

現場で役立つ!

はじめに

近年、製造業、小売、飲食店、建設現場等、さまざまな職場で、外国人労働者を目にする機会が増えています。日本における在留外国人数は200万人超となっており、日本の総人口の約1・6％を占めています（平成24年末現在）。

少子高齢化に伴い、労働力人口の減少が予測される中、外国人は新たな労働力として期待されています。また、国際化に対応し競争力を維持するため、各々の国の文化に精通し、高い語学力を有する外国人の役割が増大しています。本書を手に取ってくださった方の中にも、海外展開を視野に入れ、新たに外国人の雇用を考えている経営者の方も多いのではないでしょうか。

外国人雇用は、入管業務の知識、異なる文化・慣習に対する理解が求められ、企業側が外国人労働者の受入れ体制をいかに整備するかが成功の鍵となります。

まず、外国人を雇用する場合、入管法、労働関係法令等を理解し、法令に違反しないよう注意しなければなりません。入管法は、初めて外国人を雇用する企業にとっては馴染みがなく、意図せずに違反している事例も少なくありません。

また、外国人労働者にも、原則として労働関係法令の適用があります。技術、技能に差があるなど合理的な理由がない場合に、労働者の国籍等を理由に、外国人労働者の賃金を下げたり、その他の待遇を低くしたりすることは法令違反となります。社内全体で法令遵

守の意識を持つことが重要です。

また、外国人雇用は、異なる文化・慣習を持つ外国人を社内に受け入れ、同じ組織内で働くことになります。よって、外国人労働者が業務をいち早く理解できるよう手助けをし、会社に馴染んでもらうための環境作りをすることが大切です。

さらに、外国人労働者は、市役所、税務署の手続き、学校、病院、賃貸住宅の利用方法がわからないなど、仕事以外で苦労することも多く、日本の暮らし方等も含めた私生活まで配慮する必要があります。

このように、外国人雇用は、日本人とは異なった特別の配慮が必要とされますので、時間と手間がかかります。特に、導入時期は初めてのことばかりでトラブルが続きます。実際に、外国人雇用を始めた企業が、外国人労働者の社内管理がうまくいかず、外国人労働者との意思疎通の行き違い、文化・慣習の違いから発生するトラブルの対応に嫌気がさして、途中であきらめた事例を数多く見てきました。

トラブルが発生してから対応しようとすると、既に事態が深刻になっており、解決をするのに多くの時間と費用がかかる他、企業の信用や評判に傷をつけるおそれもあります。

そこで、本書では、初めて外国人雇用を試みる企業がスムーズに導入できるよう、私が弁護士として関与したこれまでの外国人雇用のトラブルに関する経験をもとに、外国人労働者を雇用する際に知っておくと役に立つ基本的な知識と手続きについて説明しています。企業の現場担当者とともに試行錯誤を重ねながら築いた実体験によるノウハウをまとめす。

めました。

法律の専門書と異なり、企業で必要となる書類の書式例、記入例等をできる限り入れて、経営者や人事担当者の方が実務で使いやすい内容にしています。本書が外国人雇用をお考えになっている方のご参考になれば幸甚です。

最後に、本書の執筆にあたっては、同文舘出版株式会社の古市達彦様、戸井田歩様に大変お世話になりました。ここに深く御礼申し上げます。

平成26年5月

弁護士　中西　優一郎

『図解 トラブルを防ぐ！ 外国人雇用の実務』 目次

第1章 外国人雇用の基本と心構え

1 外国人雇用の現状と課題 …… 12
2 外国人雇用のメリット・デメリット …… 14
3 日本政府の外国人雇用の方針 …… 16
4 外国人雇用の目的を明確にする …… 18
5 外国人雇用をスムーズに進める3つのステップ …… 20
6 外国人雇用の成否は導入時期がポイント …… 22
7 徹底した現場主義で改良を重ねよう …… 24

第2章 外国人雇用で知っておきたい法律知識

1 外国人労働者の受入れに必要な法律知識 …… 28
2 入管法とは …… 30
3 入管業務の手続き …… 32

第3章 外国人雇用で必要となる在留資格

1 就労が認められる在留資格 ... 44
2 在留資格「人文知識・国際業務」の特徴と基準 ... 46
3 在留資格「技術」の特徴と基準 ... 48
4 在留資格「技能」の特徴と基準 ... 50
5 その他の在留資格の特徴と基準 ... 52
6 在留期間の更新 ... 54
7 在留資格の変更 ... 58
8 再入国許可の申請 ... 62

4 外国人労働者にも労働関係法令は適用される ... 34
5 ビザとは ... 36
6 在留資格とは ... 38
7 新しい在留管理制度 ... 40

第4章 外国人労働者の募集と採用

1 外国人労働者の募集 ... 66
2 書類審査のポイント ... 68

第5章 外国人雇用がスムーズにいく労務管理

1 外国人労働者の定着を目指した労務管理 …… 94
2 外国人労働者が理解しやすい就業規則を作る …… 96
3 外国人労働者の給与の設定方法 …… 98
4 外国人労働者が納得できる人事・評価制度の導入 …… 100
5 業務マニュアルを作る …… 102
6 日本で暮らす基礎知識の教育 …… 104
7 残業・休暇の対応に注意 …… 106

3 採用面接のポイント …… 70
4 外国人留学生を新卒採用する場合の手続き …… 72
5 日本に滞在する外国人を中途採用する場合の手続き …… 74
6 海外に在住する外国人を採用する場合の手続き① …… 76
7 海外に在住する外国人を採用する場合の手続き② …… 80
8 外国人が日本に入国した後に行なう手続き …… 82
9 外国人留学生をアルバイトさせる場合の手続き …… 84
10 入社時に会社が準備しておくべきこと …… 86
11 労働契約書の内容と注意点 …… 88
12 誓約書の内容と注意点 …… 90

第6章 外国人労働者が定着する指導・教育

1 社内教育を行なう
2 日本人と同じ感覚で指導しない
3 外国人労働者に婉曲表現は使わない
4 定期的に面談を行なう
5 外国人労働者の積極的な登用を検討する
6 外国人労働者の国・地域別の特徴を知る
7 中国人労働者の特徴と指導のコツ
8 ブラジル人労働者の特徴と指導のコツ
9 ベトナム人労働者の特徴と指導のコツ
10 インド人労働者の特徴と指導のコツ
8 労働保険の加入
9 社会保険の加入

第7章 外国人労働者の退職・解雇

1 外国人労働者が退職する場合の手続きと注意点
2 解雇は慎重な対応を

第8章 よくある外国人雇用トラブルQ&A

3 解雇の種類、要件を理解する……134
4 解雇の手続き……136
5 解雇までの注意・指導は相当期間行なう……138
6 退職勧奨を行なう……140
7 契約社員の契約期間中の解雇……142
8 契約社員の雇止め……144

1 トラブルは未然に防ごう……148
2 採用決定後に、在留資格の申請が不許可になったら?……150
3 再入国許可をとらずに出国してしまったら?……152
4 外国人労働者が不法就労であることがわかったら?……154
5 外国人労働者が労働保険・社会保険に加入したがらない場合は?……156
6 外国人労働者が突然出社してこなくなったら?……158
7 日本人の妻がいる外国人労働者が離婚したら?……160
8 外国人労働者から家族を日本に呼び寄せたいと相談を受けたら?……162
9 外国人労働者が労働災害にあったら?……164

付録 すぐに使える外国人雇用のツール集

1 筆記試験 ……… 168
2 労働条件通知書（英語版）……… 169
3 入社誓約書 ……… 172
4 秘密保持誓約書 ……… 173
5 身元保証書 ……… 174
6 外国人労働者に「税金」を説明する資料 ……… 175
7 外国人労働者に「年金」を説明する資料 ……… 178
8 外国人労働者に「在留管理制度」を説明する資料 ……… 182
9 退職届（英語版）……… 186
10 就業規則（解雇事由）……… 187

装幀　三枝未央
本文DTP　朝日メディアインターナショナル

第1章

外国人雇用の基本と心構え

1 外国人雇用の現状と課題

●外国人雇用の増加

近年、製造業、小売、飲食店、建設現場など、さまざまな職場において、外国人労働者を目にする機会が増えています。

日本における在留外国人数は、平成24年末現在で203万3656人となっており、日本の総人口の約1.6％を占めています。

そのうち、就労を目的とする在留資格による中長期在留者数は平成24年末現在で20万140人となっており、長期的に見ると増加しています。

このように外国人雇用が増加する背景の一つには、製造業等の中小企業における労働力不足を外国人労働者が補っている状況があると考えられます。

また、近年は大企業のみならず、中小企業も、国内よりさらに大きな市場を求めて、成長が見込まれる海外市場、特に、中国、インド、ASEANといった新興国市場に事業展開をしています。このような企業にとって、高度な能力を有する外国人の登用が期待されています。

●外国人雇用の課題

このように外国人雇用に対する期待が高まる一方で、取り組んでいかなければならない課題もあります。

まず、依然として、日本国内に不法就労者が相当数存在するということです。不法就労者が、日本の風紀、治安等に係るさまざまな問題を引き起こすケースもあり、外国人犯罪の温床になるともいわれています。また、このような外国人が、劣悪な環境下での労働を強いられるなどの被害に遭うケースも多く、外国人保護の観点からも問題となっています。

また、外国人雇用は、企業の側に異文化に対する理解が求められ、日本人労働者とは異なった特別の配慮を要する場合があります。外国人労働者との間で、十分な意思疎通をしていなかったため、雇用後に労働条件等でトラブルになるケースも見受けられます。

したがって、外国人労働者を受け入れる社内体制をどのように整備し、いかに有効に活用するかが、日本企業の今後の課題といえます。

第1章 外国人雇用の基本と心構え

就労を目的とする在留資格による中長期在留者数の推移

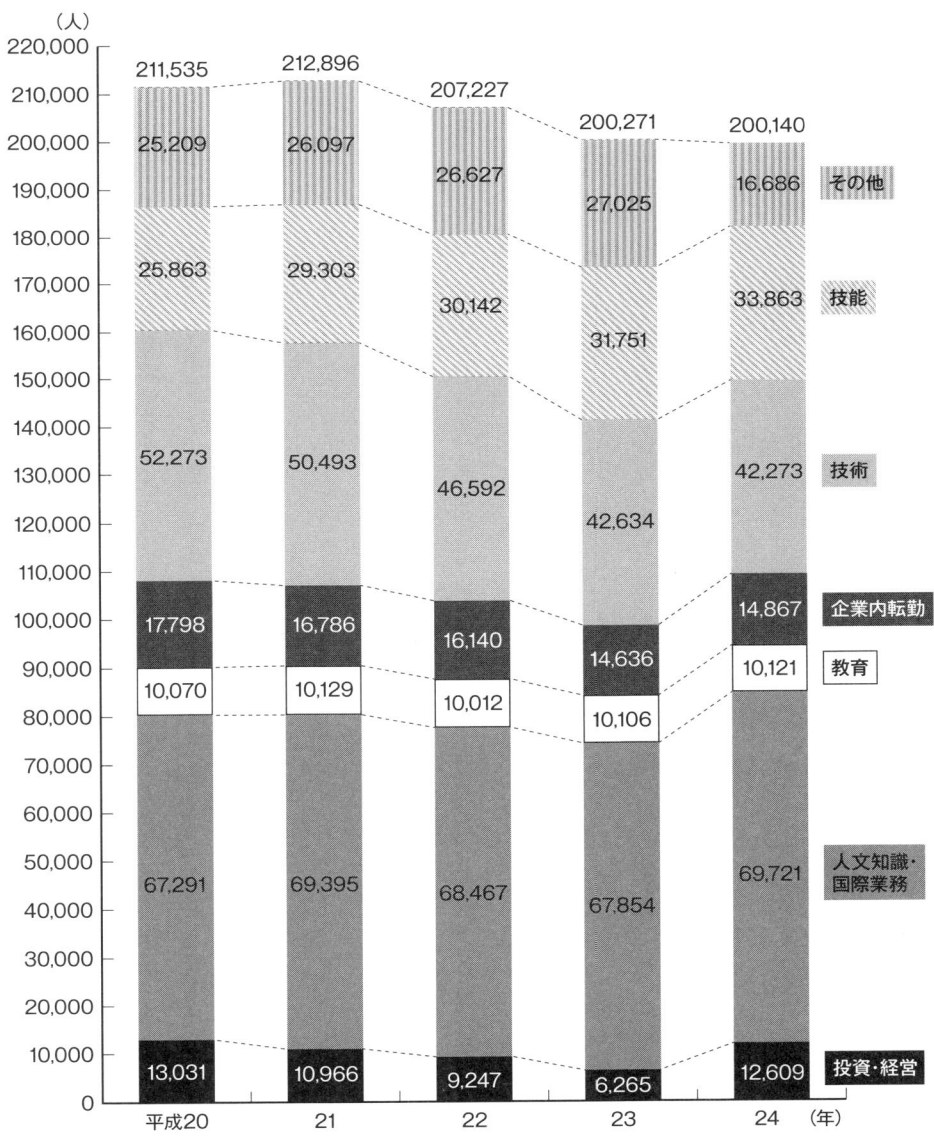

出所：法務省入国管理局　平成25年版「出入国管理」をもとに作成

2 外国人雇用のメリット・デメリット

● メリットとデメリットがあることを理解しておく

外国人雇用の目的は企業によってさまざまですが、メリット・デメリットを理解しておくことにより、自社の経営理念に適った目的を設定することができます。また、社内体制を築く際の参考になります。

・メリット

日本企業にとってのメリットは、製造業等、現場の人材が不足している業種において、外国人労働者により労働力を補完できる点が挙げられます。

また、近年、国内市場の成熟に伴い、中国、インド、ASEANといった新興国市場をはじめとした海外市場に進出する日本企業が増えている中、国際化に対応し競争力を維持するため、各々の国の文化に精通し、高い語学力を有する外国人を採用するメリットもあります。

具体的には、外国人労働者を海外市場の担当窓口にすることにより、現地の信用を得ることができ、コミュニケーションが円滑になる、外国人労働者からその国の文化・慣習の情報を取得できる、外国人労働者のネットワークを活用できるなどです。

さらに、高度な技術・技能を持つ外国人を雇用することにより、優秀な人材を社内に確保できる、異文化の人材を導入することで日本人にはない発想を期待でき、企業活動の活性化につながる点等が挙げられます。

他方、日本社会にとってのメリットとして、少子高齢化に伴い、労働力人口の減少が予測される中、外国人労働者を新たな労働力として期待できる、外国人労働者を受け入れることで、国際交流が推進し、国際的な経済活動の基盤となることなどがあります。

・デメリット

日本企業にとってのデメリットは、外国人雇用は、日本人労働者と異なる特別の手続き、配慮が必要とされ、外国人労働者を受け入れる社内体制を導入し、整備するまで、時間と手間がかかる点等が挙げられます。

また、地域社会における文化・習慣の違いに基づく摩擦の発生、不法就労、犯罪の増加等にも留意しなければなりません。

外国人雇用のメリット・デメリット

	メリット	デメリット
日本企業に対して	■ 製造業等での労働力不足に対応した労働力の確保 ■ 海外市場進出への活用 ■ 国際競争力の維持 ■ 高度な技術・技能を持つ外国人の確保 ■ 異文化の人材の導入による企業活動の活性化	■ 外国人労働者を受け入れる社内体制の導入、整備に、時間と手間がかかる
日本社会に対して	■ 少子高齢化に伴う労働力不足に対応した労働力の確保 ■ 国際交流の推進 ■ 国際的な経済活動の基盤	■ 日本人の雇用機会の減少 ■ 地域社会における文化・習慣の違いに基づく摩擦の発生 ■ 不法就労、犯罪の増加

3 日本政府の外国人雇用の方針

●外国人受入れの基本的な考え方

日本政府は、外国人の受入れについて、「専門的・技術的分野における外国人労働者は積極的に受け入れるが、単純労働者の受入れは慎重に行なう」という方針を示しています。日本の経済社会の活性化、国際化を目的として、高度な専門性、技術性を有する外国人労働者の受入れを積極的に進めようとしています。

他方、いわゆる単純労働者の受入れについては、日本人の雇用機会が縮小するなど国内の労働市場に関わる問題、治安の問題等、日本の経済社会と国民生活に大きな影響を与えることから、慎重な対応をしています。

●「第4次 出入国管理基本計画」の概要

法務省は、外国人の入国・在留に関する施策の基本となるべき計画として、「出入国管理基本計画」を定期的に策定し、その後の数年間の外国人雇用政策の指針等を公表しています。

現在は、平成22年3月に策定された「第4次 出入国管理基本計画」が最新となっており、「活力ある豊かな社会」、「安全・安心な社会」、「外国人との共生社会」の実現という視点に立っています。

具体的には、以下の4つの方針で構成されています。

① 本格的な人口減少時代が到来する中、日本社会が活力を維持しつつ、持続的に発展するとともに、アジア地域の活力を取り込んでいくとの観点から、積極的な外国人の受入れ施策を推進していく

② 日本社会の秩序を維持し、治安や国民の安全等を守るため、テロリストや犯罪者の入国を確実に水際で阻止し、また、「不法滞在者」や、「偽装滞在者」の対策等を強力に推進するとともに、法違反者の状況に配慮した適正な取扱いを行なっていく

③ 在留管理制度を適切に運用し、情報を活用した適正な在留管理を行なっていくとともに、地方公共団体における円滑な行政サービスの実施に必要な情報の提供を行なうなど、外国人の利便性の向上に努めていく

④ 国際社会の一員として、難民の適正かつ迅速な庇護を推進していく

第4次 出入国管理基本計画の概要

具体的施策

■日本社会に活力をもたらす外国人の円滑な受入れ
- 経済成長に寄与するなど社会のニーズにこたえる人材の受入れ
- 日系人の受入れ
- 国際交流の一層の推進
- 留学生の適正な受入れの推進
- 研修・技能実習制度の適正化への取り組み
- 外国人の受入れについての国民的議論の活性化

■安全・安心な社会の実現に向けた不法滞在者対策等の推進
- 厳格な出入国審査等の水際対策の実施
- 国内に不法滞在・偽装滞在する者への対策の推進
- 被収容者処遇の一層の適正化に向けた取り組み
- 在留特別許可の適正な運用

■新たな在留管理制度の円滑な導入と同制度に基づく出入国管理行政の展開
- 情報を活用した適正な在留管理の実現
- 外国人との共生社会の実現に向けた取り組み

■難民の適正かつ迅速な庇護の推進

出所:法務省HPをもとに作成

4 外国人雇用の目的を明確にする

●外国人雇用は会社の理念を実現するための手段

外国人雇用は、日本人労働者と異なる特別な手続き、配慮を要し、外国人労働者を受け入れる社内体制を導入し、整備するまで、時間と手間がかかります。

外国人雇用を軌道に乗せるまでは、会社にとって、入管業務の手続き等の煩雑な業務が増えるほか、外国人労働者に対し、仕事のみならず日本での暮らし方等も含めて、指導・教育が必要となります。

よって、外国人を雇用する目的を社内で明確にし、それが会社の理念に適うことを十分確認した上で実施しないと、軌道に乗せることはできません。

実際に、外国人雇用を始めた企業が、外国人労働者の社内管理がうまくいかず、外国人労働者との意思疎通の行き違い、文化・慣習の違いから発生するトラブルの対応に嫌気がさして、途中であきらめた事例は数多くあります。

外国人雇用を成功させるまでの忍耐力を支えるためにも、「なぜ、我が社に外国人労働者が必要なのか？ 外国人労働者を雇用して、何をしたいのか？」といった目的を社内で確認し合い、明確にしておきましょう。

●目的は具体的に定めて社内全体で共有する

では具体的に、外国人雇用の目的にはどのようなものがあるのでしょうか。それは当然のことながら、各会社の理念、業種、規模、経営状況によって異なります。

例えば、優秀な人材を確保するため、海外の取引先や自社の海外法人に関する業務を行なわせるため、外国人としての感性・国際感覚等の強みを発揮してもらうため、日本人社員への影響も含めた社内活性化のため、日本では確保しにくくなった専門分野の人材を補うため……など、さまざまあると思います。

これらの目的を決める際は、外国人労働者を、雇用後、どこの部署に配属して、どのような業務を担当させて、これによりどのような効果を狙い、どれくらい売上を向上させるかなど、数値化・図式化して、できる限り具体的に定め、社内全体で共有しましょう。

第1章 外国人雇用の基本と心構え

外国人雇用の目的を社内で共有しよう

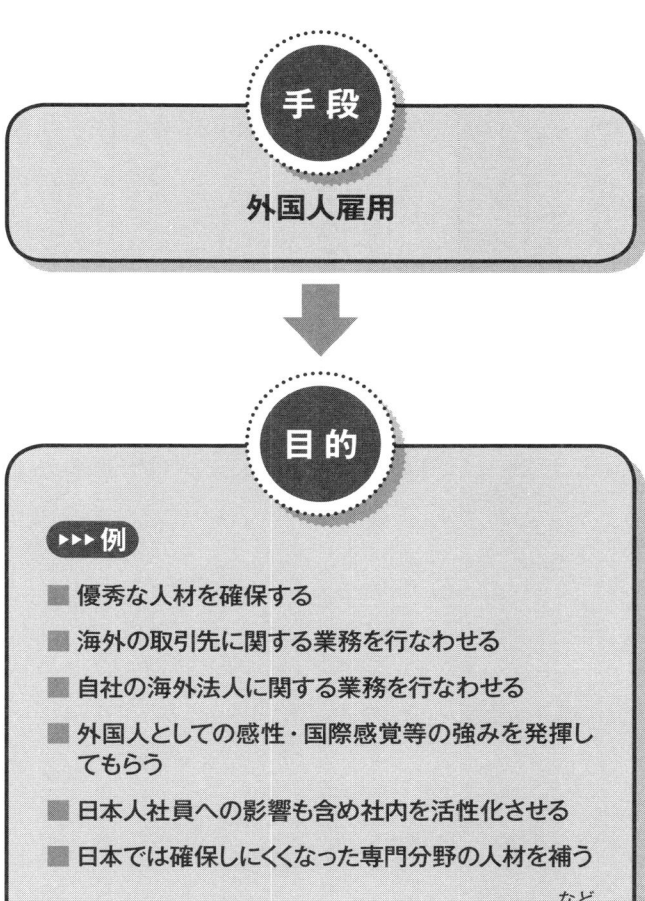

手段

外国人雇用

↓

目的

▶▶▶ 例

- 優秀な人材を確保する
- 海外の取引先に関する業務を行なわせる
- 自社の海外法人に関する業務を行なわせる
- 外国人としての感性・国際感覚等の強みを発揮してもらう
- 日本人社員への影響も含め社内を活性化させる
- 日本では確保しにくくなった専門分野の人材を補う

など

POINT

雇用後、どこの部署に配属して、どのような業務を担当させて、これによりどのような効果を狙い、どれくらい売上を向上させるかなど、外国人雇用の目的を数値化・図式化して社内で共有しよう

5 外国人雇用をスムーズに進める3つのステップ

●外国人雇用は段階的に行なう

外国人雇用は、成功に至るまでの過程を大きく3つのステップに分けることができます。自社の状況に応じて、やるべき内容、優先すべき内容は異なりますが、自社が現在どの段階にあるのかを認識し、より効果的な方法から実施してください（各ステップの詳細は第2章以降）。

ステップ1　社内の受入れ態勢の構築

まずは、外国人労働者を雇用するために、社内の受入れ態勢を構築していきます。具体的には、

① 外国人雇用に必要となる法律知識と手続きを身につける
② 異文化の慣習、価値観への理解を深める社内教育を行なう
③ 外国人雇用で特に必要となる在留資格の管理などです。これらにより、法令（入管法、労働関係法令等）を遵守し、日本人と外国人の労働者が一体となった組織作りを目指します。

ステップ2　外国人労働者の育成と定着

外国人労働者を雇用した後、会社の戦力となるよう育成していきます。

① 外国人労働者が職場に溶け込める環境作りをする
② 指導・教育のコツを知ることでコミュニケーションを円滑に行ない、業務の効率を上げる
③ 外国人労働者の国・地域別の特徴を知り、それぞれの外国人に適した育成方法を考慮したサポートをし、
④ 外国人雇用でよくあるトラブルを知り、未然に防げるよう対策をしておく

これらにより、外国人労働者が社員として定着し、業務を担える体制に整備することを目指します。

ステップ3　外国人労働者の能力活用

会社に定着した外国人労働者に、より能力を発揮してもらうよう発展させていきます。

① 外国人労働者が活躍できる人事・評価制度を導入する
② 外国人労働者の積極的な登用を検討する

社内で組織化して継続的に行ない、自社に外国人雇用の基盤が根づくことを目指します。

第1章 外国人雇用の基本と心構え

外国人雇用3つのステップ

ステップ1　社内の受入れ態勢の構築
① 外国人雇用に必要な法律知識と手続きを身につける
② 異文化の慣習、価値観への理解を深める社内教育を行なう
③ 外国人雇用で特に必要となる在留資格の管理

ステップ2　外国人労働者の育成と定着
① 外国人労働者が職場に溶け込める環境作りをする
② 指導・教育のコツを知ることでコミュニケーションを円滑に行ない、業務の効率を上げる
③ 外国人労働者の国・地域別の特徴を考慮したサポートをし、きめ細かな配慮をしながらそれぞれの外国人に適した育成方法をとる
④ 外国人雇用でよくあるトラブルを知り、未然に防げるよう対策をしておく

ステップ3　外国人労働者の能力活用
① 外国人労働者が活躍できる人事・評価制度を導入する
② 外国人労働者の積極的な登用を検討する

6 外国人雇用の成否は導入時期がポイント

●軌道に乗るまでは時間と手間がかかる

外国人雇用は、導入時から軌道に乗るまでが、最も重要な時期です。この時期に時間と手間をかけて試行錯誤を繰り返しながら、社内体制を築き上げられるかどうかで成否が分かれます。

以下に、外国人雇用の導入時期で、一般的に時間と手間がかかる点をご説明します。

① 法令を遵守する社内体制作り

外国人を雇用する場合、入管法等の関連法令を理解し、これに違反しないよう注意しなければなりません。

特に、入管業務手続きは、初めて外国人を雇用する企業にとっては馴染みがなく、意図せずに違反行為をしている事例も少なくありません。

企業が、不法就労外国人であることを知らずに雇用した場合には処罰されませんが、状況から見てその可能性があるにもかかわらず、在留資格や在留期限の確認を怠ってあえて雇用した場合には、不法就労助長罪に当たり、処罰される可能性があります。

また、雇用後、在留期間の更新を忘れて、そのまま不法滞在となっている場合も見受けられます。企業として、外国人の在留期間を管理し、外国人労働者本人に遅滞なく更新手続きを行なうよう通知する体制を導入しておかなければなりません（詳しくは第2章、第3章）。

② 異文化に馴染む環境作り

外国人雇用は、異なる文化・慣習を持つ外国人と同じ組織内で働くことになります。雇用後に日本人の感覚では理解できない外国人の言動に戸惑うこともあります。よって、外国人労働者が業務をいち早く理解し、会社に馴染んでもらうための環境作りが大切です。

・就業規則や業務マニュアル等、重要な文書を翻訳したり、図式化されたイラスト版を作成する
・定期的な面談やメンター制度を設け、悩みを聞き出す
・日本の住居や公的機関の利用法、社会保障制度や税制度に関する説明会を開くなどの対応をして、不安を和らげましょう（詳しくは第5章、第6章）。

外国人雇用の導入時期にすること

法令を遵守する社内体制作り

- 社内全体で法令遵守の意識を高める（特に、入管法、労働関係法令に対する理解が大事）
- 入管業務手続きに関する社内体制を構築する（在留期間の更新等）

異文化に馴染む環境作り

- 仕事のサポート（業務内容に関する習得の支援、日本語能力の支援、メンター制度の活用等）
- 日本での生活のサポート（住居、医療機関や教育機関の利用法、社会保障制度や税制度の説明等）

など

留意点
- 法令違反をすると、処罰される可能性がある
- 導入時は試行錯誤を繰り返して改良を重ねよう。時間と手間がかかることを認識しておくことが必要

7 徹底した現場主義で改良を重ねよう

●現場に出て初めて課題がわかる

外国人雇用は、社内体制を整えて安定的に運営できるようになるまで、順調に進んでいるか、何か問題点はないかなど、定期的に検証する必要があります。この際に最も重要なことは、経営者が実際に外国人労働者が働いている現場に出て、その仕事ぶりを確認し、外国人労働者とコミュニケーションをとることです。

外国人雇用を始めた当初は、現場の責任者も含め、全員が不慣れでトラブル続きです。そのような場合に、経営者が、現場の責任者に任せっきりで報告のみをとることができませんし、本当の責任者がわからず有効な対策をとることもいないことがあれば、実際の仕事ぶりを目で見て、その原因を現場の責任者と一緒に考えることが大切です。

また、外国人労働者から不安や悩みを直接聞くことで、問題点を発見できることもあります。

●現場の声を活かしてカスタマイズする

現場の声を聞いて課題を知ることで、迅速に軌道修正を行なうことができます。

外国人雇用といっても、そのやり方は一通りではありません。会社の規模、理念、社風等に応じてそれぞれ異なりますし、さらには、雇用した外国人ごとにどのように指導、育成していくか、対応を決めなければならないこともあります。すなわち、自社に最も適した独自のものにその方法を適宜見直し、カスタマイズしていくことが必要なのです。

例えば、日本人上司の指示が外国人労働者に伝わらないという問題が生じたら、どこで行き違いが生じたのか、どの表現が理解できなかったかを検証し、日本人上司に対して、外国人労働者に指示する際に使用する用語（使用してはならない用語）をマニュアル化する、外国人労働者に対して理解しやすいように作業工程をイラスト化した図を配布する……など、自社独自の方法を積み上げていくのです。

定期的に現場の声を拾い、改良を重ねることで、自社に最適な方法が確立されていきます。

第1章 外国人雇用の基本と心構え

外国人雇用は改良を重ねることが必要

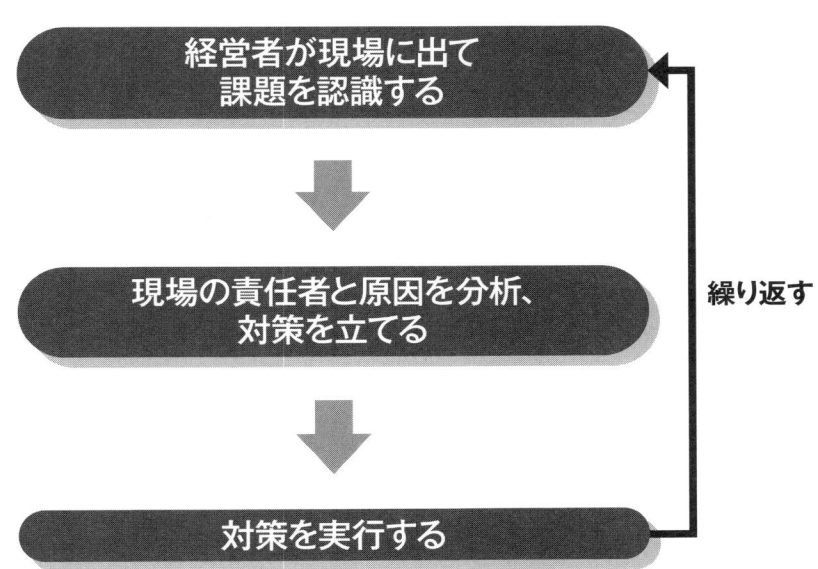

➡ **現場の声を活かして自社に最適な方法にカスタマイズする**

> 外国人雇用に成功している会社の共通点＝経営者が現場主義を徹底していること

第2章

外国人雇用で知っておきたい法律知識

1 外国人労働者の受入れに必要な法律知識

●主に必要なのは入管法と労働関係法令

外国人雇用で特に知っておかなければならない法律は入管法です。外国人労働者の労務管理でベースとなる法律であり、日本人雇用と外国人雇用の決定的な違いを形成する在留資格制度が定められています。

外国人を雇用する場合、入管法を理解し、これに違反しないよう採用・雇用、在留資格の管理等の社内体制を整えなければなりません。

法令違反には厳しい罰則が設けられていますので、社内の担当部署（人事・総務等）に入管法等の研修を行なうなど法令に対する理解を深め、社内全体で法令遵守の意識を持つことが大切です。

また、原則として日本国内で就労する限り、国籍を問わず日本の労働関係法令の適用があります。労働基準法をはじめ、最低賃金法、労働安全衛生法、労働者災害補償保険法、職業安定法等は外国人労働者にも適用されますので、日本人雇用の場合と同様に労働関係法令の理解は必須です。

●法令の改正に注意

外国人を雇用するにあたって、知っておかなければならない法律（入管法、労働関係法令等）は、改正が頻繁に行なわれます。

入管法は、平成24年7月に大きな改正が行なわれ、従来の外国人登録制度に代わる新しい在留管理制度が導入されました。これにより、外国人労働者の労務管理の方法も適宜変更する必要があります。

また、労働関係法令も頻繁に改正が行なわれます。したがって企業は、これらの法令を遵守するために、常に最新の法改正情報を仕入れて、対応することが大切です。

ただし、頻繁に行なわれる法改正の情報を追いかけ、関連する法律と手続きの知識をアップデートし続けることは、企業にとっては大きな負担になります。対策のひとつとして、外国人雇用に詳しい専門家（弁護士、社会保険労務士、行政書士等）のアドバイスを受けるのもお勧めです。

外国人雇用に必要な法令

入管法

不法就労外国人を雇用しない

- 入管業務手続きを理解する
- 在留資格、在留期限の確認

労働関係法令

外国人労働者に対する不当な差別はしない

- 外国人労働者にも労働関係法令は適用される

〈以下はすべて誤り〉
- ✗ 安い賃金で働かせることができる
- ✗ 自由に人事異動または解雇ができる
- ✗ 残業代を支払わなくても構わない

POINT

法令違反には厳しい罰則がある
⇒社内全体で法令遵守の意識を高めよう。特に、入管法、労働関係法令に対する理解が大事

2 入管法とは

●入管法の目的

入管法とは、正式名称を「出入国管理及び難民認定法」といいます。入管法の目的は、「本邦に入国し、または本邦から出国するすべての人の出入国の公正な管理を図るとともに、難民の認定手続きを整備することを目的とする」としています（第1条）。

すなわち、入管法は、日本を出入国するすべての人について規定する法律で、外国人のみならず、日本人も対象となっています。

また、外国人については、出入国の管理のみならず、日本に滞在する期間の在留管理も規定しています。日本は、法律等により、高度な専門技術を有する外国人等を円滑に受け入れることとし、その一方で、退去強制手続きを整備し、日本で犯罪をする外国人等に対しては厳正に対処しています。

●入管法の内容

入管法は、「出入国管理」と「難民認定」から成り立っています。

「出入国管理」については、法律に基づく処分の基準を定める手続きを定める実体規定と、事務処理に当たっての諸手続きを定める手続規定があります。

実体規定は、在留資格及び在留期間（第2条の2）、上陸の拒否（第5条）、退去強制（第24条）、永住許可（第22条2項）などがあり、いずれも出入国管理に関する日本の政策を具体化したものです。その他、多くの規定は手続き規定です。

「難民認定」については、難民認定に関する手続き規定が定められています。

●実際の処分基準を知るには

入管法で難しいのは、法律や規則に書かれていないさまざまな基準が内部で作られていることです。これらの内部基準に従って処分が行なわれているのが特徴です。もっとも、一部は、細かい点の基準を定めた告示等が公開されています。これらをある程度調べるには、『出入国管理実務六法』（日本加除出版）を参照するとよいでしょう。

入管法の概要

目的
「本邦に入国し、または本邦から出国するすべての人の出入国の公正な管理を図るとともに、難民の認定手続きを整備することを目的とする」(第1条)

内容
■ 出入国管理(在留資格及び在留期間、上陸の拒否、退去強制、永住許可等)

■ 難民認定

入管法違反事件の推移

違反事由 \ 年	平成23年	平成24年	平成25年
総数	20,659	15,178	11,428
不法入国	2,862	1,875	1,128
不法上陸	164	187	199
資格外活動	542	617	493
不法残留(うち出国命令)	15,925 (4,501)	11,439 (2,587)	8,713 (2,479)
その他	1,166	1,060	895

出所:法務省「平成25年における入管法違反事件について」

POINT

入管法に違反すると、外国人社員のみならず、雇用した事業主も処罰される可能性があるので、注意が必要

3 入管業務の手続き

●入国管理局とは

出入国管理の手続きは、法務省の入国管理局とその出先機関で行ないます。一般に、「入管」または「イミグレーション」と呼ばれています。

出入国管理行政を行なうための機構として、法務省に入国管理局が設けられているほか、地方入国管理局（8カ所）、支局（7カ所）、出張所（61カ所）及び入国管理センター（3カ所）が設けられています。

入国管理局の主な業務内容は、出入国管理（入国、在留、退去強制・出国命令等）、難民認定、特別永住などがあります。

出入国管理と難民認定は、主に地方入国管理局・支局・出張所で行なっています。

したがって、在留手続き等は、申請人の居住地を管轄する地方入国管理局・支局・出張所で行なうことになります。

他方、特別永住は、その事務の多くが市区町村に委任されており、手続きは市区町村の窓口で行なうことになるのです。

●入管業務の手続き

入管業務手続きは大きく分けると、外国人労働者の①出入国手続き、②在留手続きから構成されます。

① 出入国手続き

主に、外国人の入国の要件、上陸手続き、査証・在留資格認定証明書、上陸拒否事由等の手続きです。

これらは外国人の国内外の移動に関するもので、雇用する際にどのような手続きを経て日本に来るのか、母国に一時帰国する際にどのような手続きを経て帰国し、再入国するのかなどの手続きとなります。

② 在留手続き

主に、在留期間の更新、在留資格の変更、在留資格の取得、再入国許可、資格外活動の許可、就労資格証明書等の手続きです。

これらは、外国人が日本に在留する間に行なう手続きであり、外国人を雇用する企業にとって最も関与するも

第2章 外国人雇用で知っておきたい法律知識

入国管理局の機構

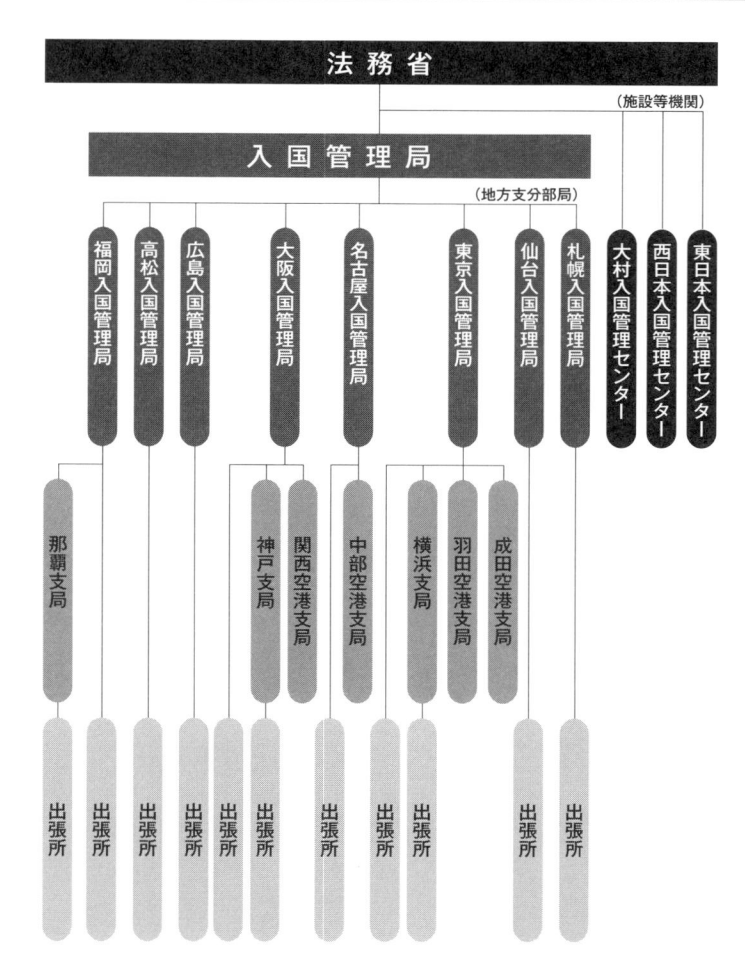

```
法務省
├──（施設等機関）──→ 大村入国管理センター、西日本入国管理センター、東日本入国管理センター
└── 入国管理局
      └──（地方支分部局）
           ├── 福岡入国管理局
           │    ├── 那覇支局
           │    └── 出張所
           ├── 高松入国管理局 ── 出張所
           ├── 広島入国管理局 ── 出張所
           ├── 大阪入国管理局
           │    ├── 神戸支局 ── 出張所
           │    ├── 関西空港支局
           │    └── 出張所
           ├── 名古屋入国管理局
           │    ├── 中部空港支局
           │    └── 出張所
           ├── 東京入国管理局
           │    ├── 横浜支局 ── 出張所
           │    ├── 羽田空港支局
           │    └── 成田空港支局 ── 出張所
           ├── 仙台入国管理局 ── 出張所
           └── 札幌入国管理局 ── 出張所
```

出所：法務省入国管理局HP

法務省入国管理局
〒100-8977 東京都千代田区霞が関1-1-1 TEL 03-3580-4111（代）
http://www.immi-moj.go.jp/
※最新の情報や入国管理局の業務については上記にてご確認ください。

4 外国人労働者にも労働関係法令は適用される

●外国人に対する不合理な差別の禁止

原則として、日本国内で就労する限り、外国人労働者にも労働関係法令の適用があります。労働基準法をはじめ、最低賃金法、労働安全衛生法、労働者災害補償保険法、職業安定法等が適用されます。

この点、外国人労働者は安い賃金で働かせることができる、自由に人事異動または解雇ができる、残業代を支払わなくても構わないなどと誤解されている経営者もいますが、労働基準法第3条では、国籍を理由とする差別的取扱いを禁止しています。

技能に差があるなど合理的な理由がない場合に、労働者の国籍、人種、信条等を理由に、外国人労働者の賃金を下げたり、その他の待遇を低くしたりすることは、法令違反となりますので注意が必要です。

●雇用管理の改善義務

雇用対策法により、企業には、外国人の雇用管理の改善、解雇などで離職する外国人の再就職支援について努力義務が課せられています。

外国人労働者に対しても労働関係法令や社会保険関係の法令を遵守することを大前提とし、募集や採用、就労後の労働条件などに関して、外国人であっても不利益を受けないように一定の配慮をしなければなりません。

このような規定を受け、厚生労働省の「外国人労働者の雇用管理の改善等に関して事業主が適切に処理するための指針」（平成19年厚生労働省告示第276号）が策定されています。

例えば、国籍を理由として、労働条件について差別的取扱いをしてはならない（均等待遇）、主要な労働条件について、外国人労働者が理解できるよう内容を明らかにした書面を交付する（労働条件の明示）、適正な労働時間の管理等、関係法令の内容について周知を行なう（労働基準法等関係法令の周知）などがあります。

法令違反には厳しい罰則が設けられていますので、社内で入管法、労働関係法令等の研修を行なうなど法令に対する理解を深め、社内全体で法令遵守の意識を持ち、体制を整備するようにしましょう。

外国人労働者の雇用管理の改善等に関して事業主が適切に処理するための指針

主な内容

1. 外国人労働者の募集及び採用の適正化
① 募集（国籍による条件を付するなど差別的な取扱いをしない）
② 採用（在留資格上、従事することが認められる者であることを確認する。公平な採用選考に努める）

2. 適正な労働条件の確保
① 均等待遇
② 労働条件の明示
③ 適正な労働時間の管理
④ 労働基準法等関係法令の周知
⑤ 労働者名簿等の調製
⑥ 金品の返還等

3. 安全衛生の確保
① 安全衛生教育の実施
② 労働災害防止のための日本語教育等の実施
③ 労働災害防止に関する標識・掲示等
④ 健康診断の実施等
⑤ 健康指導及び健康相談の実施
⑥ 労働安全衛生法等関係法令の周知

4. 雇用保険・労災保険・健康保険及び厚生年金保険の適用
① 制度の周知及び必要な手続きの履行
② 保険給付の請求等についての援助

5. 適切な人事管理、教育訓練、福利厚生等
① 適切な人事管理
② 生活指導等
③ 教育訓練の実施等
④ 福利厚生施設
⑤ 帰国及び在留資格の変更等の援助
⑥ 労働者派遣又は請負を行なう事業主に係る留意事項

6. 解雇の予防及び再就職の援助

5 ビザとは

●外国人雇用にはビザが必要

日本で報酬を受ける活動に従事する場合、原則として、「査証（ビザ）」を取得する必要があります。

ビザとは、海外にある日本の大使館や領事館が、外国人が所持するパスポートやその他の申請書類をチェックし、日本への入国に問題がないと判断した場合に発給するものです。つまり、ビザの主な目的は、入国するにふさわしい者かどうかを判断する身元審査です。

外国人が日本に上陸するためには、原則として有効なビザを所持していなければなりません。そのため、日本への上陸を希望する外国人は、事前に自国にある日本の大使館や領事館などで申請をし、ビザを発給してもらう必要があります。

日本での就労を目的とする場合には、スムーズなビザ発給のために「在留資格認定証明書」を用いた方法が一般的です（詳しくは第4章）。

外国人労働者本人が自国でビザを取得し、日本に上陸したら、入国審査官にパスポートとビザを提示して上陸申請を行ないます。入国審査官から上陸を許可されると、パスポートに上陸許可証印が押印されます。上陸許可が与えられた時点で原則としてビザは使用済みとなり、以後は上陸許可証印に記載されている在留資格や在留期間等が、その外国人が日本に在留する根拠となります。

なお、ビザは、上陸の前提要件ですが、入国の許可そのものではありませんので、ビザを持っていても必ず入国できるわけではありません。他の上陸許可の要件を満たしていないなど、入国審査官の審査によって上陸が許可されないこともありえます。

●ビザが不要な場合

日本とビザの相互免除を取り決めている国・地域の外国人は、商用、会議、観光、親族・知人訪問等を目的とする場合には、入国に際してビザを取得する必要はありません。その他、再入国許可を持つ場合、みなし再入国許可制度を利用する場合も新たなビザの取得は不要です（詳しくは第3章8項）。

ビザと在留資格の違い

ビザ（査証）の役割
- 外国人が日本に入国するときに必要な書類で、海外にある日本大使館・領事館が発給
- 外務省の取扱い
- パスポートの中に押印・シール貼付など

↓

日本領事館などの審査の結果、日本に入国させても支障がないという推薦の意味

在留資格の役割
- 外国人が適法に日本に滞在するための許可。日本国内の入管局が許可する
- 法務省の取扱い
- 在留カードを交付（中長期在留者）

↓

入国・在留の目的に応じて、日本に在留して活動することができる法的な資格

POINT

在留資格が「ビザ」と呼ばれることがあるが、ビザ（査証）と在留資格は異なる

6 在留資格とは

●外国人雇用には在留資格が必須

在留資格とは、外国人が日本に在留し活動することができる身分または地位の種類を類型化したものです。外国人が日本に入国・在留するためには、入管法により、いずれかの在留資格を取得しなければなりません。

また、在留資格には、一部を除いて在留期限が設けられていますので、長期間、日本に滞在したい場合には、在留期間の更新または在留資格を変更する必要があります。日本に在留している外国人は、入国の際に与えられた在留資格の範囲内で、かつ、定められた在留期間に限って就労などが認められています。

在留資格は、全部で27種類あり、それぞれの在留資格には、日本で行なうことができる活動内容が詳細に規定されています。日本に滞在する外国人はこの活動内容の範囲内で滞在することになります。在留資格の詳細は、第3章でご説明します。

●在留カードが発行される

近年の法改正により、外国人情報の管理体制が入国管理局に一元化されるようになり、新しい在留管理制度が導入されました。新制度では、平成24年7月9日から、外国人登録証明書に代わって、原則として入国時に在留カードが発行されるようになり、外国人登録の手続きは原則として不要となりました。在留資格をもって日本に中長期間在留する外国人に対して、在留カードが交付されることになりました。

16歳以上の在留カード交付対象者は、パスポートを携帯しているかどうかにかかわらず、在留カードを常時携帯していなければなりません。

企業は、外国人雇用に際して、これまで外国人登録証明書で確認していた事項を、同じように在留カードで行ないます。なお、既に発行されている外国人登録証明書は、すぐに取り換える必要はありません（希望する場合には取り換えることができます）。既に所持している外国人登録証明書は、一定の期間、そのまま在留カードとみなして取り扱われ、制度導入後の在留期間更新等の手続きの際に在留カードが交付されます。

在留カードの確認方法

在留カードとは

■ 新規の上陸許可、在留資格の変更許可や在留期間の更新許可などを得られた中長期間在留する外国人（中長期在留者）に対して交付される

■ 記載事項に変更が生じた場合には、変更の届出が義務付けられている

➡ 外国人雇用では、在留カード等で在留資格と在留期限を確認

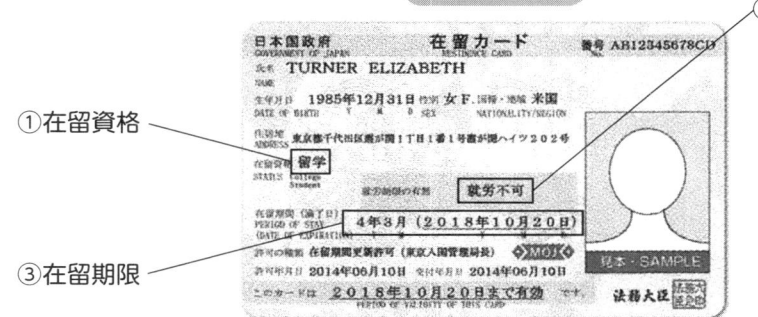

カード表面

①在留資格
③在留期限

②就労制限の有無
…以下のいずれかが記載
a. 就労制限なし
b. 在留資格に基づく就労活動のみ可
c. 指定書記載機関での在留資格に基づく就労活動のみ可（在留資格「技能実習」）
d. 指定書により指定された就労活動のみ可（在留資格「特定活動」）
e. 就労不可

カード裏面

④資格外活動許可欄
…就労制限の有無。②で「就労不可」と記載されても、ここに明記された範囲内で就労することができる

⑤在留期間更新許可申請欄
…在留期間更新許可申請・在留資格変更許可申請をしたときに申請中であることが記載される

出所：法務省入国管理局資料をもとに作成

7 新しい在留管理制度

●改正入管法による新制度

平成24年7月9日より、入管法が大幅に改正されました。法改正に伴う新たな在留管理制度は、これまで入管法に基づき法務省の入国管理局等が行なっていた業務と、外国人登録法に基づき市区町村が行なっていた業務を、法務省で一元化してまとめて行なうものです。これに伴い、外国人登録制度は廃止されました。

以下、法改正のうち、外国人雇用に関連する事項についてご説明します。

●在留カードの交付

従来の外国人登録制度では、外国人本人に登録事項が記載された外国人登録証明書が交付され、日本国内における外国人の身分証明書の役割を担っていました。

新しい在留管理制度で交付される在留カードは、日本に中長期間在留する外国人（中長期在留者。3カ月以下の在留期間が決定された人、「短期滞在」「外交」「公用」の在留資格の人、特別永住者の人等を除く）に対し、上陸許可や在留資格の変更許可、在留期間の更新許可等に伴って交付されるものです。

これに伴い、外国人登録制度は廃止されます。これまで所持していた外国人登録証明書は一定の期間在留カードとみなされます。

外国人を雇用する企業は、これまで外国人登録証明書で確認していた在留資格、在留期限等を、在留カードで行なうことになります。

●在留期間の上限

在留期間の上限について、これまで3年と定められていた在留資格（就労を目的とするもの）は、5年に伸長されました。また、「留学」の在留期間は、その上限が2年3カ月から4年3カ月に伸長されました。

●再入国許可

さらに、1年以内に再入国する場合の再入国許可手続きを原則不要とする、みなし再入国許可制度の導入も行なわれました。また、再入国許可を受ける場合の再入国許可の有効期間の上限について、これまでの3年から5年に伸長されました。

新しい在留管理制度の内容

新しい在留管理制度の対象となる人

……入管法上の在留資格をもって日本に中長期間在留する外国人（中長期在留者）で、具体的には次の①〜⑥のいずれにも当てはまらない人

① 「3月」以下の在留期間が決定された人
② 「短期滞在」の在留資格が決定された人
③ 「外交」又は「公用」の在留資格が決定された人
④ ①から③の外国人に準じるものとして法務省令で定める人
⑤ 特別永住者
⑥ 在留資格を有しない人

■ 在留カードの交付

外国人登録制度 → 在留カードによる新たな在留管理制度

■ 在留期間の上限

最長3年 → 最長5年

在留資格	在留期間
「技術」 「人文知識・国際業務」等の就労資格（「興行」、「技能実習」を除く）	5年、3年、1年、3月（※）
「留学」	4年3月、4年、3年3月、3年、2年3月、2年、1年3月、1年、6月、3月（※）
「日本人の配偶者等」 「永住者の配偶者等」	5年、3年、1年、6月

※当初から3月以下の在留を予定している場合があることから、新たに「3月」の在留期間を設けています。この場合、新しい在留管理制度の対象とはならず、在留カードは交付されません。

■ 再入国許可の有効期限

最長3年 → 最長5年

■ みなし再入国許可制度の導入

1年以内の再入国の場合、再入国許可手続きが原則として不要

第3章

外国人雇用で必要となる在留資格

1 就労が認められる在留資格

● 在留資格の分類

第2章6項でも述べた通り、外国人が日本で就労するためには在留資格が必要です。在留資格は、パスポートに押された上陸許可認証証などの他、在留カード（外国人登録証明書を含む）で確認することができます。

在留資格は全部で27種類ありますが、外国人雇用の観点から、主に以下の4つに分類されます。

① 定められた範囲内での就労が可能な在留資格

「教授」「芸術」「宗教」「報道」「投資・経営」「法律・会計業務」「医療」「研究」「教育」「技術」「人文知識・国際業務」「企業内転勤」「興行」「技能」等があります。各々の在留資格に定められた範囲での就労が可能となります。一般的には「就労ビザ」と呼ばれています。

② 就労が認められない在留資格

「文化活動」「短期滞在」「留学」「研修」「家族滞在」があります。「留学」「家族滞在」は、資格外活動許可を得ることによって、例外的に一定のアルバイト等ができます。

③ 就労に制限がない在留資格

「永住者」「日本人の配偶者等」「永住者の配偶者等」「定住者」があります。これらは身分または地位に基づく在留資格です。就労に関する制限はありません。

④ 許可の内容により就労の可否が決められる在留資格

「特定活動」があります。就労の可否はそれぞれの活動の内容によって個別に判断されます。

上記①ないし③のどの分類にも属さない活動を引き受けるものであり、さまざまなケースをカバーしています。例えば、ワーキング・ホリデー、アマチュアスポーツ選手、外交官等の家事使用人等が挙げられます。

● 外国人雇用で頻出の在留資格

外国人雇用で頻出の在留資格は、通訳、デザイナー、私企業の語学教師等の「人文知識・国際業務」、外国料理の調理師、スポーツ指導者、航空機等の操縦者、貴金属加工職人等の「技能」、外国事業所からの転勤者等の「企業内転勤」です。

就労が認められる在留資格と認められない在留資格

◎：就労に制限なし、○：一定範囲で就労可、×：就労不可

	在留資格	職業例など	就労
各在留資格に定められた範囲での就労が可能な在留資格	外交	外国政府の大使、公使、総領事等とその家族	○
	公用	外国政府の職員等とその家族	○
	教授	大学の教授、講師など	○
	芸術	画家、作曲家、著述家など	○
	宗教	外国の宗教団体から派遣される宣教師など	○
	報道	外国の報道機関の記者、カメラマンなど	○
	投資・経営	企業の経営者、管理者	○
	法律・会計業務	弁護士、公認会計士など	○
	医療	医師、歯科医師、薬剤師、看護師	○
	研究	政府関係機関や企業等の研究者	○
	教育	小・中・高校の語学教師など	○
	技術	機械工学等の技術者	○
	人文知識・国際業務	企業の語学教師、デザイナー、通訳など	○
	企業内転勤	外国の事業所からの転勤者	○
	興行	歌手、ダンサー、俳優、プロスポーツ選手など	○
	技能	外国料理のコック、貴金属加工職人、パイロットなど	○
	技能実習	技能実習生	○
就労はできない在留資格	文化活動	日本文化の研究者など	×
	短期滞在	観光、短期商用、親族・知人訪問など	×
	留学	大学・短期大学・高等専門学校等の学生	×
	研修	研修生	×
	家族滞在	就労外国人等が扶養する配偶者・子	×
個々の外国人に与えられた許可の内容により就労の可否が決められる在留資格	特定活動	外交官等の家事使用人、ワーキング・ホリデー、アマチュアスポーツ選手など	○
身分または地位に基づく在留資格	永住者	法務大臣から永住の許可を受けた者	◎
	日本人の配偶者等	日本人の配偶者・実子・特別養子	◎
	永住者の配偶者等	永住者・特別永住者の配偶者及び日本で出生し引き続き在留している実子	◎
	定住者	インドシナ難民、条約難民、日系3世、外国人配偶者の実子など	◎

出所：法務省入国管理局資料をもとに作成

2 在留資格「人文知識・国際業務」の特徴と基準

●「人文知識・国際業務」は利用頻度が高い

「人文知識・国際業務」は、日本で就労する外国人通訳、デザイナー等として、日本で就労する外国人は、「人文知識・国際業務」を取得することが必要です。就労可能な在留資格の中で最も利用されているのが「人文知識・国際業務」です。この在留資格が認められるための主な基準は、以下の通りです（実際の審査では、さまざまな要素を総合的に考慮して判断されます）。

① 文系大学卒業、または一定年数の実務経験があること

② 日本で「人文知識・国際業務」の業務に就くこと

③ 日本の公私の機関（会社等）と雇用契約、請負契約等を結ぶこと

外国人が、就労先の会社等と雇用契約、請負契約、委託契約、嘱託契約等を結び、その会社で就労することが必要です。その契約は、特定の機関との継続的な契約でなければなりません。

④ 大学の専攻等と業務との間に関連性があること

外国人が、経歴を生かして業務に就いていることが必要です。大学を卒業するなど専門知識があるだけでなく、実際にその知識を仕事に活用できなくてはなりません。経歴と仕事とが結びついていることが必要です。

⑤ 契約を結んだ会社等の経営に安定性・継続性があること

会社の経営状態が不安定な場合、外国人の日本での活動が不安定になります。このため、会社の経営が堅調で安定、継続していることが求められます。

⑥ 同一業務に従事する日本人と同等額以上の報酬を受けること

賃金水準の低い国の出身の外国人であっても、日本人と比較して低額の報酬とすることはできません。日本人と同等以上の報酬を外国人が受けることが必要です。同一・同種の業界の同一・同種の職種、年齢の給与水準が参考となります。この基準に関しては、通常は雇用契約書等を提出して証明することになります。

⑦ 前科、過去の不良な在留事実等がないこと

「人文知識・国際業務」を取得する場合の主な基準

① 文系大学卒業、または一定年数の実務経験があること

- 法律学、経済学、社会学、その他の人文科学の分野に属する知識を必要とする業務
  (例：企画、営業、財務、マーケティング 他)
    ……次のアまたはイのいずれかを満たしていること
    ア 従事する業務に必要な技術や知識に係る科目を専攻して、大学院・大学・短大等を卒業していること
    イ 10年以上の当該業務の実務経験があること

- 外国の文化に基盤を有する思考または感受性を必要とする業務
  (例：通訳・翻訳、語学の指導、広報、海外取引業務、デザイン 他)
    ……3年以上の当該業務の実務経験があること
    (ただし、大学院・大学・短大等を卒業した者が、通訳・翻訳、語学の指導に従事する場合は、実務経験は不要)

② 日本で「人文知識・国際業務」の業務に就くこと

③ 日本の公私の機関（会社等）と雇用契約、請負契約等を結ぶこと

④ 大学の専攻等と業務との間に関連性があること

⑤ 契約を結んだ会社等の経営に安定性・継続性があること

⑥ 同一業務に従事する日本人と同等額以上の報酬を受けること

⑦ 前科、過去の不良な在留事実等がないこと
……審査においては、刑事罰上の前科のみではなく、過去の在留実績なども審査において斟酌される

3 在留資格「技術」の特徴と基準

●「技術」はエンジニア・IT関連では必須

エンジニア、プログラム開発者、IT技術者等として日本で就労する外国人は、「技術」を取得することが必要です。「技術」は、就労可能な在留資格の中で、「人文知識・国際業務」に次いで利用されています。その主な基準は、以下の通りです。

① 理系大学卒業、または10年以上の実務経験等があること

従事する業務に必要な技術や知識に係る科目を専攻して、大学院・大学・短大等を卒業していること、または10年以上の当該業務の実務経験があることが必要です。10年以上の実務経験は、理系大学卒業に代わり得るものなので、専門的な知識が必要とされる実務経験であることが求められます。実務経験は、在職証明書（過去に勤務した会社が発行するもの）等によって証明します。

さらに、在職の事実が真正であることを裏付けるため、税金、保険の記録、給与明細等を併せて提出することもあります。

なお、一定の情報処理技術に関する資格を保有している場合は、これらの要件が不要となります。一定の資格は、法務省の告示で規定されています（平成13年法務省告示第579号参照）。

② 日本で「技術」の業務に就くこと

理学、工学その他の自然科学の分野に属する技術または知識を要する業務に就くことが求められます。

③ 日本の公私の機関（会社等）と雇用契約、請負契約等を結ぶこと

④ 大学の専攻等と業務との間に関連性があること

⑤ 契約を結んだ会社等の経営に安定性・継続性があること

⑥ 同一業務に従事する日本人と同等額以上の報酬を受けること

⑦ 前科、過去の不良な在留事実等がないこと

③～⑦については、「人文知識・国際業務」を取得する場合のポイント（本章2項）と同じです。

「技術」を取得する場合の主な基準

1 理系大学卒業、または10年以上の実務経験等があること

- 理学、工学、その他の自然科学の分野に属する技術または知識を必要とする業務
  （例：システムエンジニア、設計、技術開発、品質管理 他）
  ……次のアまたはイのいずれかを満たしていること
  - ア 従事する業務に必要な技術や知識に係る科目を専攻して、大学院・大学・短大等を卒業していること
  - イ 10年以上の当該業務の実務経験があること
  - ※ 一定の情報処理技術に関する資格を保有している場合は、上記要件は不要（平成13年法務省告示第579号）。

2 日本で「技術」の業務に就くこと

3 日本の公私の機関（会社等）と雇用契約、請負契約等を結ぶこと

4 大学の専攻等と業務との間に関連性があること

5 契約を結んだ会社等の経営に安定性・継続性があること

6 同一業務に従事する日本人と同等額以上の報酬を受けること

7 前科、過去の不良な在留事実等がないこと

4 在留資格「技能」の特徴と基準

●「技能」は特殊な分野で利用される

外国料理の調理師等として、日本で就労する外国人は、「技能」を取得することが必要です。

「技能」の在留資格は、就労可能な在留資格の中で、「人文知識・国際業務」「技術」に次いで利用されています。この在留資格が認められるための主な基準は、以下の通りです。

① 特殊な分野における熟練した技能があること

9種類の業務（調理師、建築技術者、外国製品の製造・修理、宝石・貴金属・毛皮加工、動物の調教、石油・地熱等掘削調査、航空機操縦士（パイロット）、スポーツ指導者、ソムリエ）に、それぞれ実務経験等の認定基準があります。

これらの9種類の業務以外は、原則として、在留資格「技能」を取得することはできません。

② 日本で「技能」の業務に就くこと

③ 同一業務に従事する日本人と同等額以上の報酬を受けること

日本人が従事する場合に受ける報酬と同等額以上の報酬を外国人が受けることが必要です。たとえ賃金水準の低い国の出身の外国人であっても、日本人と比較して低額の報酬とすることはできません。

同一・同種の業界の同一・同種の職種、年齢の給与水準が参考となります。この基準に関しては、通常は雇用契約書等を提出して証明することになります。

④ 日本の公私の機関（会社等）と雇用契約、請負契約等を結ぶこと

⑤ 契約を結んだ会社等の経営に安定性・継続性があること

⑥ 前科、過去の不良な在留事実等がないこと

③〜⑥については、「人文知識・国際業務」を取得する場合のポイント（本章2項）と同じです。

●在留資格「技術」と「技能」の違い

「技術」は教育や実務経験により習得した学術上の素養等の条件を含めて理論を実際に適用して処理するための能力をいい、「技能」は主として個人が自己の経験の集積によって有している能力をいいます。

「技能」を取得する場合の主な基準

1. 特殊な分野における熟練した技能（※）があること
2. 日本で「技能」の業務に就くこと
3. 同一業務に従事する日本人と同等額以上の報酬を受けること
4. 日本の公私の機関（会社等）と雇用契約、請負契約等を結ぶこと
5. 契約を結んだ会社等の経営に安定性・継続性があること
6. 前科、過去の不良な在留事実等がないこと

※ 特殊な分野における熟練した技能

(1) 調理師

西洋料理人、中華料理人、製菓技術者が該当。
料理の調理または食品の製造に係る技能で、外国において考案され日本において特殊なものを要する業務に従事する者で、次のいずれかに該当するもの。
・当該技能について10年以上の実務経験（外国の教育機関において当該料理の調理または食品の製造に係る科目を専攻した期間を含む）を有する者
・経済上の連携に関する日本国とタイ王国との間の協定附属書七第一部A第五節1（c）の規定の適用を受ける者

☑ 調理師として、「熟練した技能を要する業務」といい得るためには、「外国において考案され、我が国において特殊なものを要する業務」といい得るかどうかが目安になる

(2) 建築技術者

外国に特有の建築または土木に係る技能について10年（当該技能を要する業務に、10年以上の実務経験を有する外国人の指揮監督を受けて従事する者の場合にあっては5年）以上の実務経験（外国の教育機関において、当該建築または土木に係る科目を専攻した期間を含む）を有する者で、当該技能を要する業務に従事するもの。

(3) 外国製品の製造・修理

外国に特有の製品の製造または修理に係る技能について10年以上の実務経験（外国の教育機関において、当該製品の製造または修理に係る科目を専攻した期間を含む）を有する者で、当該技能を要する業務に従事するもの。例えば、ヨーロッパ特有のガラス製品、ペルシア絨毯など、日本にはない製品の製造または修理に係る技能が該当する。

(4) 宝石・貴金属・毛皮加工

宝石・貴金属または毛皮の加工に係る技能について10年以上の実務経験（外国の教育機関において、当該加工に係る科目を専攻した期間を含む）を有する者で、当該技能を要する業務に従事するもの。

(5) 動物の調教

動物の調教に係る技能について10年以上の実務経験（外国の教育機関において、動物の調教に係る科目を専攻した期間を含む。）を有する者で、当該技能を要する業務に従事するもの。

(6) 石油・地熱等掘削調査

石油探査のための海底掘削、地熱開発のための掘削または海底鉱物探査のための海底地質調査に係る技能について10年以上の実務経験（外国の教育機関において、石油探査のための海底掘削、地熱開発のための掘削または海底鉱物探査のための海底地質調査に係る科目を専攻した期間を含む）を有する者で、当該技能を要する業務に従事するもの。
※地熱開発のための掘削とは、生産井（地熱発電に使用する蒸気を誘導するために掘削された井戸）および還元井（発電に使用した蒸気および熱水を地下に戻すために掘削された井戸）を掘削する作業をいう。

(7) 航空機操縦士

航空機の操縦に係る技能について1,000時間以上の飛行経歴を有する者で、操縦者としての業務に従事するもの。

(8) スポーツ指導者

スポーツの指導に係る技能について3年以上の実務経験（外国の教育機関において、当該スポーツの指導に係る科目を専攻した期間および報酬を受けて当該スポーツに従事していた期間を含む）を有する者で、当該技能を要する業務に従事するもの。またはスポーツの選手としてオリンピック大会、世界選手権大会その他の国際的な競技会に出場したことがある者で、当該スポーツの指導に係る技能を要する業務に従事するもの。

(9) ソムリエ

ぶどう酒の品質の鑑定、評価および保持並びにぶどう酒の提供（以下「ワイン鑑定等」という）に係る技能について5年以上の実務経験（外国の教育機関において、ワイン鑑定等に係る科目を専攻した期間を含む）を有する次のいずれかに該当する者で、当該技能を要する業務に従事するもの。
・ワイン鑑定等に係る技能に関する国際的な規模で開催される競技会（以下「国際ソムリエコンクール」という）において優秀な成績を収めたことがある者
・国際ソムリエコンクール（出場者が1国につき1名に制限されているものに限る）に出場したことがある者
・ワイン鑑定等に係る技能に関して国（外国を含む）もしくは地方公共団体（外国の地方公共団体を含む）、またはこれらに準ずる公私の機関が認定する資格で法務大臣が告示をもって定めるものを有する者

参照：法務省HP

5 その他の在留資格の特徴と基準

●「企業内転勤」は仕事内容と期間に気をつける

主に、外国企業の海外にある本店から、日本の支店に外国人労働者を転勤させる場合や、海外にある日本企業の子会社や関連会社の外国人社員が、日本の本店へ転勤する場合に、「企業内転勤」の取得が必要となります。

この在留資格を取得する場合、日本への転勤直前に、1年以上継続して「技術」または「人文知識・国際業務」の対象となる仕事をしていたことが必要です。

また、日本国内の事業所で「技術」または「人文知識・国際業務」の対象となる仕事をすること、期間を定めて転勤してくることが必要です。

この在留資格が認められるための主な基準は、左図の通りです。

●「短期滞在」とは

海外で勤務する外国人が短期間の予定で来日して、商談等を行なったり、外国人が日本国内に短期滞在して観光・親族の訪問を行なう場合には、「短期滞在」の取得が必要となります。

もっとも、「短期滞在」の外国人は、原則として、日本で就労することは認められていません。雇うと不法就労になりますので、注意が必要です。

●本人の身分や地位による在留資格

以下のような本人の身分や地位による在留資格には就労活動に関する制限がありません。

・日本人の配偶者等、永住者の配偶者等

これらは配偶者ビザ、結婚ビザなどと呼ばれ、日本人や永住者等と結婚している外国人、あるいは日本人・永住者の子どもなどに認められます。

・定住者

法務大臣が個々の外国人について特別な理由を考慮し、居住を認めた場合に与えられます。例として、日系外国人や難民などが挙げられます。

・永住者

外国人が外国国籍のまま日本で継続的に生活するためのもので、取得には長年日本に在留し、安定した生活基盤を日本国内に築いていることが必要です。

52

「企業内転勤」を取得する場合の主な基準

1. 申請外国人が、会社等（転勤元または転勤先、もしくはその双方）と雇用契約等を結んでいること
2. 日本への転勤派遣直前に、1年以上継続して「技術」または「人文知識・国際業務」の対象になる業務に従事していたこと
3. 期間を定めて、外国の事業所から日本の事業所に転勤してくること
4. 日本国内の事業所で「技術」または「人文知識・国際業務」の対象になる業務に従事すること
5. 同一業務に従事する日本人と同等額以上の報酬を受けること
6. 日本にある会社等の経営に安定性・継続性があること
7. 前科、過去の不良な在留事実等がないこと

本人の身分や地位による在留資格

1. 日本人の配偶者等
2. 永住者の配偶者等
3. 定住者
4. 永住者

など

6 在留期間の更新

しょう。

企業として、外国人の在留期間を管理し、在留期限が近付いてきたら、外国人労働者本人に遅滞なく更新手続きを行なうよう通知する体制を導入しましょう。

●更新の申請

在留期間の更新申請は在留期間満了日の3カ月前頃から入国管理局等の窓口で受け付けています。なるべく早く必要書類の準備等をして、時間に余裕を持って手続きをするようにしましょう。

なお、在留期間の更新は、適当と認めるに足りる相当の理由があるときに限り許すことができるとされており、外国人の在留状況、在留の必要性、許可の相当性を審査して在留を認めるか否か決定されます。したがって、在留期間の更新は申請すれば必ず許可されるわけではありません。犯罪により処罰をされた場合、資格外活動許可を受けずに活動範囲外の活動を行なっていた場合等は更新が不許可となることもありますので、注意が必要です。

●不法滞在とならないように注意

外国人労働者の社内管理では、在留資格の管理が重要な業務となります。特に、雇用した外国人労働者が不法滞在（オーバーステイ）とならないように在留期間をしっかり管理しなければなりません。

在留期間は、入国や在留資格の変更の際等に、入国管理局で決定されます。永住者以外の外国人には、1年、3年または5年等の在留期間に応じた在留期間があります。在留期間を超えて引き続き在留しようとする場合には、期限が来る前に最寄りの入国管理局、支局、出張所等で、在留期間更新許可申請書により更新手続きを行なわければなりません。

この手続きを行なわずに、雇用期間の途中で在留期間を過ぎてしまうと、不法滞在となってしまいます。そのため、外国人労働者の在留期間更新手続きは本人だけに任せず、企業側も在留期間満了日を把握しておき、更新手続きを忘れることのないよう社員本人に注意喚起をします。

第3章 外国人雇用で必要となる在留資格

[記入例] 在留期間更新許可申請書（人文知識・国際業務）

別記第三十号の二様式（第二十一条関係）
申請人等作成用 1
For applicant, part1

日本国政府法務省
Ministry of Justice, Government of Japan

在 留 期 間 更 新 許 可 申 請 書
APPLICATION FOR EXTENSION OF PERIOD OF STAY

To the Director General of 東京 入国管理局長 殿 Regional Immigration Bureau

出入国管理及び難民認定法第21条第2項の規定に基づき、次のとおり在留期間の更新を申請します。
Pursuant to the provisions of Paragraph 2 of Article 21 of the Immigration Control and Refugee Recognition Act, I hereby apply for extension of period of stay.

写 真 Photo 40mm×30mm　→ 貼付

1	国籍・地域 Nationality/Region	中国
2	生年月日 Date of birth	1970年 9月 29日
3	氏名 Name	WANG PING（王平）
4	性別 Sex	男（○）・女
5	出生地 Place of birth	中国 上海
6	配偶者の有無 Marital status	有・無（○）
7	職業 Occupation	会社員
8	本国における居住地 Home town/city	中国 上海
9	住居地 Address in Japan	東京都大田区○○
	電話番号 Telephone No.	03-○○○○-○○○○
	携帯電話番号 Cellular phone No.	090-○○○○-○○○○
10	旅券(1)番号 Passport Number	G○○○○○○○
	(2)有効期限 Date of expiration	2016年 7月 20日
11	現に有する在留資格 Status of residence	人文知識・国際業務
	在留期間 Period of stay	1年
	在留期間の満了日 Date of expiration	2016年 10月 1日
12	在留カード番号 Residence card number	AB○○○○○○○CD
13	希望する在留期間 Desired length of extension	3年 （審査の結果によって希望の期間とならない場合があります。It may not be as desired after examination.）
14	更新の理由 Reason for extension	現在勤務している会社において継続して就労するため
15	犯罪を理由とする処分を受けたことの有無（日本国外におけるものを含む。）Criminal record (in Japan / overseas) 有（具体的内容　　　　　　　　）・無（○） Yes (Detail:) / No

16 在日親族（父・母・配偶者・子・兄弟姉妹など）及び同居者
Family in Japan(Father, Mother, Spouse, Son, Daughter, Brother, Sister or others) or co-residents

続柄 Relationship	氏名 Name	生年月日 Date of birth	国籍・地域 Nationality/Region	同居 Residing with applicant or not	勤務先・通学先 Place of employment/ school	在留カード番号 特別永住者証明書番号 Residence card number Special Permanent Resident Certificate number
	なし			はい・いいえ Yes / No		
				はい・いいえ Yes / No		
				はい・いいえ Yes / No		
				はい・いいえ Yes / No		
				はい・いいえ Yes / No		

※ 16については、記載欄が不足する場合は別紙に記入して添付すること。なお、「研修」、「技能実習」に係る申請の場合は記載不要です。
Regarding item 16, if there is not enough space to write in all of your family in Japan, fill in and attach a separate sheet.
In addition, take note that you are not required to fill in item 16 for applications pertaining to "Trainee" or "Technical Intern Training".

（注）裏面参照の上、申請に必要な書類を作成して下さい。Note : Please fill in forms required for application. (See notes on reverse side.)

出所：法務省HP資料をもとに作成

申請人等作成用 2　N 「研究」・「技術」・「人文知識・国際業務」・「技能」・「特定活動（イ・ロ）」

For applicant, part 2 N ("Researcher" / "Engineer" / "Specialist as Humanities / International Services" / "Skilled Labor" / "Designated Activities(a/b)")　在留期間更新・在留資格変更用　For extension or change of status

17　勤務先　Place of employment
※ (2)及び(3)については、主たる勤務場所の所在地及び電話番号を記載すること。
For sub-items (2) and (3), give the address and telephone number of your principal place of employment.

- (1) 名称 Name: ○○株式会社　　支店・事業所名 Name of branch: ○○事業所
- (2) 所在地 Address: 東京都千代田区○○
- (3) 電話番号 Telephone No.: 03-○○○○-○○○○

18　最終学歴　Education (last school or institution)
- □ 大学院(博士) Doctor
- □ 大学院(修士) Master
- ☑ 大学 Bachelor
- □ 短期大学 Junior college
- □ 専門学校 College of technology
- □ 高等学校 Senior high school
- □ 中学校 Junior high school
- □ その他 ( ) Others

- (1) 学校名 Name of school: ○○大学
- (2) 卒業年月日 Date of graduation: 1992 年 3 月 10 日

19　専攻・専門分野　Major field of study
(18で大学院(博士)〜短期大学の場合) (Check one of the followings when your answer to the question 18 is from doctor to junior college)

- □ 法学 Law
- □ 経済学 Economics
- □ 政治学 Politics
- □ 商学 Commercial science
- ☑ 経営学 Business administration
- □ 文学 Literature
- □ 語学 Linguistics
- □ 社会学 Sociology
- □ 歴史学 History
- □ 心理学 Psychology
- □ 教育学 Education
- □ 芸術学 Science of art
- □ その他人文・社会科学 ( ) Others(cultural / social science)
- □ 理学 Science
- □ 化学 Chemistry
- □ 工学 Engineering
- □ 農学 Agriculture
- □ 水産学 Fisheries
- □ 薬学 Pharmacy
- □ 医学 Medicine
- □ 歯学 Dentistry
- □ その他自然科学 ( ) Others(natural science)
- □ 体育学 Sports science
- □ その他 ( ) Others

(18で専門学校の場合) (Check one of the followings when your answer to the question 18 is college of technology)
- □ 工業 Engineering
- □ 農業 Agriculture
- □ 医療・衛生 Medical services / Hygienics
- □ 教育・社会福祉 Education / Social Welfare
- □ 法律 Law
- □ 商業実務 Practical Commercial Business
- □ 服飾・家政 Dress design / Home economics
- □ 文化・教養 Culture / Education
- □ その他 ( ) Others

20　情報処理技術者資格又は試験合格の有無（情報処理業務従事者のみ記入）
Do you have any qualifications for information processing or have you passed the certifying examination?
(when you are engaged in information processing)
有 / ☑無　Yes / No

(資格名又は試験名) Name of the qualification or certifying examination: ＿＿＿＿＿＿＿＿

21　職歴　Employment history

年 Year	月 Month	職歴 Employment history	年 Year	月 Month	職歴 Employment history
1992	4	○○株式会社			
		現在に至る			

22　代理人（法定代理人による申請の場合に記入）Legal representative (in case of legal representative)
- (1) 氏名 Name: ＿＿＿＿＿＿
- (2) 本人との関係 Relationship with the applicant: ＿＿＿＿＿＿
- (3) 住所 Address: ＿＿＿＿＿＿
- 電話番号 Telephone No.: ＿＿＿＿＿＿
- 携帯電話番号 Cellular Phone No.: ＿＿＿＿＿＿

以上の記載内容は事実と相違ありません。I hereby declare that the statement given above is true and correct.
申請人（法定代理人）の署名／申請書作成年月日　Signature of the applicant (legal representative) / Date of filling in this form

本人の署名　　×× 年 ×× 月 ×× 日

注意　申請書作成後申請までに記載内容に変更が生じた場合、申請人（法定代理人）が変更箇所を訂正し、署名すること。
Attention　In cases where descriptions have changed after filling in this application form up until submission of this application, the applicar (legal representative) must correct the part concerned and sign their name.

※ 取次者 Agent or other authorized person
- (1) 氏名 Name: ＿＿＿＿＿＿
- (2) 住所 Address: ＿＿＿＿＿＿
- (3) 所属機関等（親族等については、本人との関係）Organization to which the agent belongs (in case of a relative, relationship with the applicant): ＿＿＿＿＿＿
- 電話番号 Telephone No.: ＿＿＿＿＿＿

第3章　外国人雇用で必要となる在留資格

所属機関等作成用 1　　N （「研究」・「技術」・「人文知識・国際業務」・「技能」・「特定活動（イ・ロ）」）
For organization, part 1 N ("Researcher" / "Engineer" / "Specialist as Humanities / International Services" /
"Skilled Labor" / Designated Activities(a/b)")　　在留期間更新・在留資格変更用
For extension or change of status

1　雇用又は招へいしている外国人の氏名及び在留カード番号
　　Name and residence card number of the foreigner employing or inviting
　(1)氏　名　**WANG PING（王平）**　(2)在留カード番号　**AB〇〇〇〇〇〇〇〇CD**
　　 Name　　　　　　　　　　　　　　　　　　　　Residence card number

2　勤務先　Place of employment
　※(3)、(6)及び(7)については、主たる勤務場所について記載すること。For sub-items (3), (6) and (7) give the address and telephone number of
　　employees of your principal place of employment.
　※国・地方公共団体、独立行政法人、公益財団・社団法人その他非営利法人の場合は(4)及び(5)の記載は不要。In cases of a national
　　or local government, incorporated administrative agency, public interest incorporated association or foundation or some other nonprofit corporation,
　　you are not required to fill in sub-items (4) and (5).

　(1)名称　　**〇〇株式会社**　　支店・事業所名　**〇〇事業所**
　　　Name　　　　　　　　　　　Name of branch

　(2)事業内容　Type of work
　　□ 製　造　　【□ 一般機械　　□ 電機　　□ 通信機　　□ 自動車　　□ 鉄鋼　　□ 化学
　　　Manufacturing　　Machinery　　Electrical machinery　Telecommunication　Automobile　　Steel　　Chemistry
　　　　　　　　　　□ 繊維　　□ 食品　　□ その他（　　　　　）】
　　　　　　　　　　 Textile　　Food　　　Others
　　□ 運　輸　　【□ 航空　　□ 海運　　□ 旅行業　　□ その他（　　　　　）】
　　　Transportation　Airline　　Shipping　　Travel agency　Others
　　□ 金融保険　【□ 銀行　　□ 保険　　□ 証券　　□ その他（　　　　　）】
　　　Finance　　Banking　　Insurance　　Security　　Others
　　□ 商　業　　【☑ 貿易　　□ その他（　　　　　）】
　　　Commerce　　Trade　　　Others
　　□ 教　育　　【□ 大学　　□ 高校　　□ 語学学校　　□ その他（　　　　　）】
　　　Education　　University　Senior high school　Language school　Others
　　□ 報　道　　【□ 通信　　□ 新聞　　□ 放送　　□ その他（　　　　　）】
　　　Journalism　　News agency　Newspaper　Broadcasting　Others
　　□ 建設　　□ コンピュータ関連サービス　　□ 人材派遣　　□ 広告
　　　Construction　　Computer services　　　　Dispatch of personnel　Advertising
　　□ ホテル　　□ 料理店　　□ 医療　　□ 出版　　□ 調査研究
　　　Hotel　　　Restaurant　　Medical services　Publishing　Research
　　□ 農林水産　　□ 不動産　　□ その他（　　　　　）
　　　Agriculture / Forestry　Real estate　Others

　(3)所在地　**東京都千代田区〇〇**
　　　Address
　(4)電話番号　**03-〇〇〇〇-〇〇〇〇**
　　　Telephone No.
　(4)資本金　**〇〇〇〇** 円
　　　Capital　　　　　Yen
　(5)年間売上高（直近年度）　**〇〇〇〇** 円
　　　Annual sales (latest year)　　Yen
　(6)従業員数　**〇〇** 名　(7)外国人職員数　**〇〇** 名
　　　Number of employees　　　　Number of foreign employees

3　就労予定期間　**期間の定めなし**
　　Period of work

4　給与・報酬（税引き前の支払額）　**30万** 円（□ 年額　☑ 月額）
　　Salary/Reward (amount of payment before taxes)　　Yen　Annual　Monthly

5　実務経験年数　**24** 年　6　職務上の地位　**社員**
　　Business experience　　Year(s)　　Position

7　職務内容　Type of work
　□ 販売・営業　　□ 翻訳・通訳　　□ コピーライティング　　□ 海外業務
　　Sales / Business　Translation / Interpretation　Copywriting　Overseas business
　□ 設計　　□ 広報・宣伝　　□ 調査研究
　　Design　　Publicity　　　　Research
　□ 技術開発（情報処理分野）　　□ 技術開発（情報処理分野以外）
　　Technological development (information processing)　Technological development (excluding information processing)
　☑ 貿易業務　　□ 国際金融　　□ 法律業務　　□ 会計業務
　　Trading business　International finance　Legal business　Accounting
　□ 教育　　□ 報道　　□ 調理　　□ その他（　　　　　）
　　Education　　Journalism　　Cooking　　Others

以上の記載内容は事実と相違ありません。I hereby declare that the statement given above is true and correct.
勤務先又は所属機関名，代表者氏名の記名及び押印／申請書作成年月日
Name of the organization and representative, and official seal of the organization　／　Date of filling in this form

〇〇株式会社　代表取締役〇〇　(代表取締役印)　**××** 年 **××** 月 **××** 日
　　　　　　　　　　　　　　　　　　　　　　　　　　　　　Year　Month　Day

注意　Attention
申請書作成後申請までに記載内容に変更が生じた場合，所属機関等が変更箇所を訂正し，押印すること。
In cases where descriptions have changed after filling in this application form up until submission of this application, the organization must correct the part concerned and press its seal on the correction.

7 在留資格の変更

●在留資格の変更が必要になる場合

在留資格のある外国人が、現在行なっている活動を変更して、別の在留資格に該当する活動を行なおうとする場合には、在留資格変更許可申請の手続きが必要となります。

例えば、「留学」の在留資格のある外国人が日本の大学を卒業し、日本の会社に就職する際に、「人文知識・国際業務」等、就職先の仕事内容に応じて、就労可能な在留資格に変更を行ないます。

また、社内の人事異動で、現在の在留資格の業務とは異なる業務を行なう部署に異動する場合等にも、在留資格の変更を行なうことがあります。

その他、雇用後、結婚・離婚など外国人労働者の家族関係が変わった場合に、在留資格の変更が必要となることがあります。家族関係が変わったら、速やかに会社に報告するよう、外国人労働者に伝えておきましょう。

●在留資格変更許可申請

在留資格の変更申請は、特別な事情がない限り、現在の在留資格に定められた活動内容が変更されたら速やかに行なわなければなりません。

本人の住所地を管轄する地方入国管理局、支局、出張所等に申請しますが、その際、申請書の他に、各種の書類（身元保証書やパスポート、在留カード等）を添付する必要があります。

もっとも、在留資格は企業や外国人労働者の希望で自由に変更できるものではありません。

在留資格の変更は、適当と認めるに足りる相当の理由があるときに限り許可することができるとされています。たとえば、「留学」から「人文知識・国際業務」に変更する場合は、本章2項の基準を満たさなければなりません。

したがって、在留資格の変更は、申請すれば必ず許可される性質のものではありません。変更が認められるための基準を個別に十分確認した上で、慎重に検討する必要があります。

第3章 外国人雇用で必要となる在留資格

[記入例] 在留資格変更許可申請書（「留学」から「人文知識・国際業務」）

別記第三十号様式（第二十条関係）
申請人等作成用 1
For applicant, part 1

日本国政府法務省
Ministry of Justice, Government of Japan

在留資格変更許可申請書
APPLICATION FOR CHANGE OF STATUS OF RESIDENCE

To the Director General of 東京 入国管理局長 殿 Regional Immigration Bureau

出入国管理及び難民認定法第20条第2項の規定に基づき、次のとおり在留資格の変更を申請します。
Pursuant to the provisions of Paragraph 2 of Article 20 of the Immigration Control and Refugee Recognition Act, I hereby apply for a change of status of residence

写真 Photo 40mm×30mm　　貼付

1 国籍・地域 Nationality/Region：中国
2 生年月日 Date of birth：1990年 9月 29日
3 氏名 Name：WANG PING（王平）
4 性別 Sex：(男)・女
5 出生地 Place of birth：中国 上海
6 配偶者の有無 Marital status：有・(無)
7 職業 Occupation：学生
8 本国における居住地 Home town/city：中国 上海
9 住居地 Address in Japan：東京都大田区○○
電話番号 Telephone No.：03-○○○○-○○○○
携帯電話番号 Cellular phone No.：090-○○○○-○○○○
10 旅券 Passport (1)番号 Number：G○○○○○○○ (2)有効期限 Date of expiration：2020年 4月 30日
11 現に有する在留資格 Status of residence：留学　在留期間 Period of stay：2年
在留期間の満了日 Date of expiration：2014年 4月 7日
12 在留カード番号 Residence card number：AB○○○○○○○○CD
13 希望する在留資格 Desired status of residence：人文知識・国際業務
在留期間 Period of stay：5年（審査の結果によって希望の期間とならない場合があります。）(It may not be as desired after examination.)
14 変更の理由 Reason for change of status of residence：大学卒業後、○○株式会社に就職するため
15 犯罪を理由とする処分を受けたことの有無（日本国外におけるものを含む。）Criminal record (in Japan / overseas)：有（具体的内容　　　　　）・(無) Yes (Detail:　　　　　) / No
16 在日親族（父・母・配偶者・子・兄弟姉妹など）及び同居者 Family in Japan (Father, Mother, Spouse, Son, Daughter, Brother, Sister or others) or co-residents

続柄 Relationship	氏名 Name	生年月日 Date of birth	国籍・地域 Nationality/Region	同居 Residing with applicant or not	勤務先・通学先 Place of employment / school	在留カード番号 特別永住者証明書番号 Residence card number Special Permanent Resident Certificate number
なし				はい・いいえ Yes / No		
				はい・いいえ Yes / No		
				はい・いいえ Yes / No		
				はい・いいえ Yes / No		
				はい・いいえ Yes / No		

※ 16については、記載欄が不足する場合は別紙に記入して添付すること。なお、「研修」、「技能実習」に係る申請の場合は記載不要です。
Regarding item 16, if there is not enough space in the given columns to write in all of your family in Japan, fill in and attach a separate sheet.
In addition, take note that you are not required to fill in item 16 for applications pertaining to "Trainee" or "Technical Intern Training".

（注）裏面参照の上、申請に必要な書類を作成して下さい。Note : Please fill in forms required for application. (See notes on reverse side.)

出所：法務省HP資料をもとに作成

申請人等作成用 2　N（「研究」・「技術」・「人文知識・国際業務」・「技能」・「特定活動（イ・ロ）」）
For applicant, part 2. N ("Researcher" / "Engineer" / "Specialist as Humanities / International Services" / "Skilled Labor" / "Designated Activities(a/b)")　在留期間更新・在留資格変更用　For extension or change of status

17 勤務先 Place of employment　※ (2)及び(3)については、主たる勤務場所の所在地及び電話番号を記載すること。
For sub-items (2) and (3), give the address and telephone number of your principal place of employment.
(1) 名称 Name　○○株式会社　支店・事業所名 Name of branch　○○事業所
(2) 所在地 Address　東京都千代田区○○　(3) 電話番号 Telephone No.　03-○○○○-○○○○

18 最終学歴 Education (last school or institution)
☐ 大学院（博士）Doctor　☐ 大学院（修士）Master　☑ 大学 Bachelor　☐ 短期大学 Junior college　☐ 専門学校 College of technology
☐ 高等学校 Senior high school　☐ 中学校 Junior high school　☐ その他 (Others)
(1) 学校名 Name of school　○○大学　(2) 卒業年月日 Date of graduation　2014 年 Year　3 月 Month　20 日 Day

19 専攻・専門分野 Major field of study
(18で大学院（博士）～短期大学の場合）(Check one of the followings when your answer to the question 18 is from doctor to junior college)
☐ 法学 Law　☐ 経済学 Economics　☐ 政治学 Politics　☐ 商学 Commercial science　☑ 経営学 Business administration　☐ 文学 Literature
☐ 語学 Linguistics　☐ 社会学 Sociology　☐ 歴史学 History　☐ 心理学 Psychology　☐ 教育学 Education　☐ 芸術学 Science of art
☐ その他人文・社会科学（　　）Others(cultural / social science)　☐ 理学 Science　☐ 化学 Chemistry　☐ 工学 Engineering
☐ 農学 Agriculture　☐ 水産学 Fisheries　☐ 薬学 Pharmacy　☐ 医学 Medicine　☐ 歯学 Dentistry
☐ その他自然科学（　　）Others(natural science)　☐ 体育学 Sports science　☐ その他（　　）Others

(18で専門学校の場合）(Check one of the followings when your answer to the question 18 is college of technology)
☐ 工業 Engineering　☐ 農業 Agriculture　☐ 医療・衛生 Medical services / Hygienics　☐ 教育・社会福祉 Education / Social Welfare　☐ 法律 Law
☐ 商業実務 Practical Commercial Business　☐ 服飾・家政 Dress design / Home economics　☐ 文化・教養 Culture / Education　☐ その他（　　）Others

20 情報処理技術者資格又は試験合格の有無（情報処理業務従事者のみ記入）　有・無
Do you have any qualifications for information processing or have you passed the certifying examination?　Yes / No
(when you are engaged in information processing)
（資格名又は試験名）Name of the qualification or certifying examination　_____

21 職歴 Employment history

年 Year	月 Month	職歴 Employment history	年 Year	月 Month	職歴 Employment history
		なし			

22 代理人（法定代理人による申請の場合に記入） Legal representative (in case of legal representative)
(1) 氏名 Name _____　(2) 本人との関係 Relationship with the applicant _____
(3) 住所 Address _____
電話番号 Telephone No. _____　携帯電話番号 Cellular Phone No. _____

以上の記載内容は事実と相違ありません。 I hereby declare that the statement given above is true and correct.
申請人（法定代理人）の署名／申請書作成年月日 Signature of the applicant (legal representative) / Date of filling in this form

本人の署名　×× 年 Year　×× 月 Month　×× 日 Day

注意 Attention　申請書作成後申請までに記載内容に変更が生じた場合、申請人（法定代理人）が変更箇所を訂正し、署名すること。
In cases where descriptions have changed after filling in this application form up until submission of this application, the applicant (legal representative) must correct the part concerned and sign their name.

※ 取次者 Agent or other authorized person
(1) 氏名 Name _____　(2) 住所 Address _____
(3) 所属機関等（親族等については、本人との関係）Organization to which the agent belongs (in case of a relative, relationship with the applicant) _____　電話番号 Telephone No. _____

第3章 外国人雇用で必要となる在留資格

所属機関等作成用1　N（「研究」・「技術」・「人文知識・国際業務」・「技能」・「特定活動（イ・ロ）」）
For organization, part 1 N ("Researcher" / "Engineer" / "Specialist as Humanities / International Services" /
"Skilled Labor" / Designated Activities(a/b))　　　　　　　　在留期間更新・在留資格変更用
　　　　　　　　　　　　　　　　　　　　　　　　　　　For extension or change of status

1 雇用又は招へいしている外国人の氏名及び在留カード番号
　Name and residence card number of the foreigner employing or inviting
　(1)氏名　**WANG PING（王平）**　(2)在留カード番号　**AB〇〇〇〇〇〇〇〇CD**
　　Name　　　　　　　　　　　　　　　Residence card number

2 勤務先　Place of employment
　※(1)、(6)及び(7)については、主たる勤務場所について記載すること。For sub-items (6) and (7) give the address and telephone number of employees of your principal place of employment.
　※中国・地方公共団体、独立行政法人、公益財団法人・社団法人その他非営利法人の場合は(4)及び(5)の記載は不要。In cases of a national or local government, incorporated administrative agency, public interest incorporated association or foundation or some other nonprofit corporation, you are not required to fill in sub-items (4) and (5)

　(1)名称　**〇〇株式会社**　　支店・事業所名　**〇〇事業所**
　　Name　　　　　　　　　　　Name of branch

　(2)事業内容　Type of work
　　製　造　【□ 一般機械　□ 電機　□ 通信機　□ 自動車　□ 鉄鋼　□ 化学
　　Manufacturing　　Machinery　Electrical machinery　Telecommunication　Automobile　Steel　Chemistry
　　　　　　□ 繊維　□ 食品　□ その他（　　　　）】
　　　　　　Textile　Food　Others
　　運　輸　【□ 航空　□ 海運　□ 旅行業　□ その他（　　　　）】
　　Transportation　Airline　Shipping　Travel agency　Others
　　金融保険　【□ 銀行　□ 保険　□ 証券　□ その他（　　　　）】
　　Finance　Banking　Insurance　Security　Others
　　商　業　【☑ 貿易　□ その他（　　　　）】
　　Commerce　Trade　Others
　　教　育　【□ 大学　□ 高校　□ 語学学校　□ その他（　　　　）】
　　Education　University　Senior high school　Language school　Others
　　報　道　【□ 通信　□ 新聞　□ 放送　□ その他（　　　　）】
　　Journalism　News agency　Newspaper　Broadcasting　Others
　　□ 建設　□ コンピュータ関連サービス　□ 人材派遣　□ 広告
　　Construction　Computer services　Dispatch of personnel　Advertising
　　□ ホテル　□ 料理店　□ 医療　□ 出版　□ 調査研究
　　Hotel　Restaurant　Medical services　Publishing　Research
　　□ 農林水産　□ その他　□ 不動産　□ その他（　　　　）
　　Agriculture / Forestry　Others　Real estate　Others

　(3)所在地　**東京都千代田区〇〇**
　　Address
　　電話番号　**03-〇〇〇〇-〇〇〇〇**
　　Telephone No.
　(4)資本金　**〇〇〇〇**　円
　　Capital　　　　　　　　　Yen
　(5)年間売上高（直近年度）　**〇〇〇〇**　円
　　Annual sales (latest year)　　　　　　　Yen
　(6)従業員数　**〇〇**　名　(7)外国人職員数　**〇**　名
　　Number of employees　　　　　　Number of foreign employees

3 就労予定期間　**期間の定めなし**
　Period of work
4 給与・報酬（税引き前の支払額）　**200,000**　円（□ 年額　☑ 月額）
　Salary/Reward (amount of payment before taxes)　　　　Annual　Monthly
5 実務経験年数　**0**　年　6 職務上の地位　**社員**
　Business experience　　Year(s)　　Position
7 職務内容　Type of work
　□ 販売・営業　□ 翻訳・通訳　□ コピーライティング　□ 海外業務
　Sales / Business　Translation / Interpretation　Copywriting　Overseas business
　□ 設計　□ 広報・宣伝　□ 調査研究
　Design　Publicity　Research
　□ 技術開発（情報処理分野）　□ 技術開発（情報処理分野以外）
　Technological development (information processing)　Technological development (excluding information processing)
　☑ 貿易業務　□ 国際金融　□ 法律業務　□ 会計業務
　Trading business　International finance　Legal business　Accounting
　□ 教育　□ 報道　□ 調理　□ その他（　　　　）
　Education　Journalism　Cooking　Others

電話番号　　　　　　　　　　
Telephone No.
(4)資本金　　　　　　　　　　円
　Capital　　　　　　　　　　Yen
(5)年間売上高（直近年度）　　　　　　　円
　Annual sales (latest year)　　　　　　Yen
(6)派遣予定期間
　Period of dispatch

以上の記載内容は事実と相違ありません。I hereby declare that the statement given above is true and correct.
勤務先又は所属機関名、代表者氏名の記名及び押印／申請書作成年月日
Name of the organization and representative, and official seal of the organization　／　Date of filling in this form

〇〇株式会社　代表取締役〇〇　(代表取締役印)　**××**年**××**月**××**日
　　　　　　　　　　　　　　　　　　　　　　　　　Year　Month　Day

注意　Attention
申請書作成後申請までに記載内容に変更が生じた場合、所属機関等が変更箇所を訂正し、押印すること。
In cases where descriptions have changed after filling in this application form up until submission of this application, the organization must correct the part concerned and press its seal on the correction.

8 再入国許可の申請

●再入国許可制度とは

再入国許可申請の手続きは、外国人労働者が一時的に母国に帰省するときなどに必要となります。

外国人が日本を出国する際には、原則として、出発前に再入国許可を申請しておく必要があります。この申請を忘れて出国してしまうと、再びビザを申請して再取得しなければ、日本に入国することができないことになります。

外国人が出国前にあらかじめ再入国しようとするときはビザを必要とせず、出国前の在留資格及び在留期間が継続することになります。

●みなし再入国許可制度とは

もっとも、日本を数カ月等の短期間離れる場合にまで再入国許可が必要となるため、不便な点がありました。

そこで、第2章7項でも述べた通り、平成24年7月9日施行の入国管理法の改正により、再入国許可に関わる手続きが大きく簡略化され、出国後1年以内に日本での活動を継続するために再入国する場合は、原則として再入国許可を受ける必要がなくなりました。この制度を「みなし再入国許可」といいます。

これにより、出国の際の煩雑な手続きが不要になり、外国人本人及び企業の負担は軽減されました。

●みなし再入国許可制度の対象にならない場合

なお、「短期滞在」の在留資格の場合、3カ月以内の在留期間が付与されている場合等は、みなし再入国許可制度の対象にはなりません。

みなし再入国許可により出国した外国人は、その有効期間を海外で延長することはできません。出国後1年以内に再入国しないと、在留資格が失われることになりますので、注意が必要です。

また、在留期限が出国後1年未満に到来する場合は、その在留期限までに再入国しなければなりません。

●再入国許可の有効期間の上限は5年

入国管理法の改正により、再入国許可は、有効期間の上限が3年から5年に伸長されました。

第3章 外国人雇用で必要となる在留資格

[記入例] 再入国許可申請書

別記第四十号様式（第二十九条関係）　　　　　　日本国政府法務省
　　　　　　　　　　　　　　　　　　　　　　　Ministry of Justice, Government of Japan

再入国許可申請書
APPLICATION FOR RE-ENTRY PERMIT

東京 入国管理局長 殿
To the Director General of Regional Immigration Bureau
出入国管理及び難民認定法第26条第1項の規定に基づき、次のとおり再入国の許可を申請します。
Pursuant to the provisions of Article 26, Paragraph 1 of the Immigration-Control and Refugee-Recognition Act, I hereby apply for re-entry permit.

1. 国籍・地域 Nationality / Region： 中国
2. 生年月日 Date of birth： 1970年 9月 29日
3. 氏名 Name： WANG PING（王平）
4. 性別 Sex： ⦿男・女 Male / Female
5. 出生地 Place of birth： 中国 上海
6. 配偶者の有無 Marital status： 有・⦿無 Married / Single
7. 職業 Occupation： 会社員
8. 本国における居住地 Home town / city： 中国 上海
9. 住居地 Address in Japan： 東京都大田区○○
　　電話番号 Telephone No.： 03-○○○○-○○○○
　　携帯電話番号 Cellular Phone No.： 090-○○○○-○○○○
10. 旅券 Passport (1)番号 Number： G○○○○○○○○
　　(2)有効期限 Date of expiration： 2020年 4月 30日
11. 現に有する在留資格 Status of residence： 人文知識・国際業務
　　在留期間 Period of stay： 5年
　　在留期間の満了日 Date of expiration： 2017年 4月 7日
12. 在留カード番号／特別永住者証明書番号 Residence card number / Special Permanent Resident Certificate number： AB○○○○○○○○CD
13. 渡航目的 Purpose of visit： □観光 Tourism　☑商用 Business　□親族訪問 Visit relatives　□留学 Study　□その他 Others（　　　）
14. 予定渡航先国名 Expected destinations： 中国
15. 出国予定年月日・港 Expected date and port of departure： 2014年 5月 10日　　（空）港 (Air) Port
16. 再入国予定年月日・港 Expected date and port of re-entry： 2015年 7月 10日　　（空）港 (Air) Port
17. 希望する再入国許可 Which type of re-entry permit do you apply?： □1回限りの再入国許可 Single　☑数次の再入国許可 Multiple
18. 犯罪を理由とする処分を受けたことの有無（日本国外におけるものを含む。）Criminal record (in Japan / overseas)： 有・⦿無
　　有（具体的内容 Yes (Detail)：　　　　　　　　　　　　　　　　）・No
19. 確定前の刑事裁判の有無（日本国外におけるものを含む。）Criminal action before confirming (in Japan / overseas)： 有・⦿無
　　有（具体的内容 Yes (Detail)：　　　　　　　　　　　　　　　　）・No
20. 旅券を取得することができない場合は、その理由 In case that you cannot obtain a passport, fill in the reason.
21. 法定代理人（法定代理人による申請の場合に記入）Legal representative (in case of legal representative)
　　(1)氏名 Name：
　　(2)本人との関係 Relationship with the applicant：
　　(3)住所 Address：
　　電話番号 Telephone No.：
　　携帯電話番号 Cellular Phone No.：

以上の記載内容は事実と相違ありません。I hereby declare that the statement given above is true and correct.
申請人（法定代理人）の署名／申請書作成年月日 Signature of the applicant (legal representative) / Date of filling in this form
本人の署名： ××年 ××月 ××日

注意 申請書作成後申請までに記載内容に変更が生じた場合、申請人（法定代理人）が変更箇所を訂正し、署名すること。
Attention In cases where descriptions have changed after filling in this application form up until submission of this application, the applicant (legal representative) must correct the part concerned and sign their name.

※ 取次者 Agent or other authorized person
(1)氏名 Name：　　　　　　　(2)住所 Address：
(3)所属機関等（親族等については、本人との関係）Organization to which the agent belongs (in case of a relative, relationship with the applicant)：
電話番号 Telephone No.：

出所：法務省HP資料をもとに作成

第4章

外国人労働者の募集と採用

1 外国人労働者の募集

●外国人労働者の募集方法

外国人雇用の目的を明確にした後、自社の理念に適した外国人の採用に向けて募集を行ないます。

外国人雇用においては、求人対象が新卒採用か中途採用か、既に日本にいるのか外国にいるのかにより、その募集方法は変わります。

外国人労働者の募集方法は、主に、以下の方法が考えられます。

・**一般公募**

新聞・雑誌（英字新聞など外国人向けの媒体）、インターネット等のマスメディアを利用して、外国人労働者を募集する方法です。

・**公的機関（ハローワーク、外国人雇用サービスセンター等）からの紹介**

日本人と同様、ハローワークに告知する方法です。また、東京・大阪・名古屋に設置されている外国人雇用サービスセンターを利用することもできます。外国人雇用サービスセンターは、外国人への職業相談や紹介、事業主に対する外国人雇用の情報提供、援助などを専門的に行なう厚生労働省所管のハローワークです。いわば、外国人を専門に扱うハローワークです。

・**人材紹介会社、人材派遣会社からの紹介**

民間の人材紹介会社、人材派遣会社を利用する方法です。外国人に特化した会社も増えています。これらの会社は質の高い人材を獲得するノウハウを持っていますので、会社のニーズに合った外国人労働者を紹介してもらえます。

もっとも、違法な斡旋を行なう悪質な仲介業者がいますので、注意が必要です。派遣元事業主が厚生労働大臣の許可を受けているかどうかを必ず確認してください。

・**外国人労働者の友人や知人からの紹介**

既に自社で雇用している外国人労働者からの紹介や、取引先の紹介による方法です。知人からの紹介であるからといってすぐに信用するのではなく、履歴書による書類審査、採用面接等で慎重に判断する必要があります。

外国人労働者を募集するには

■ 一般公募
- 新聞・雑誌（外国人向け英字新聞・雑誌）等に求人広告を掲載
- インターネットに求人広告を掲載（自社のホームページ、就職情報サイト）
- 外国人留学生が在籍する大学に求人の申込み
- 外国人向けの会社説明会、就職説明会

■ 公的機関（ハローワーク、外国人雇用サービスセンター等）からの紹介

> ※外国人雇用サービスセンター
>
> 外国人に係る情報提供、職業相談・紹介や事業主に対する外国人雇用の情報提供、援助などを専門的に行なう、外国人専門のハローワーク（厚生労働省所管）
>
> ■ 東京
> 東京外国人雇用サービスセンター
> 住所：〒163-0721 東京都新宿区西新宿2-7-1 小田急第一生命ビル21階
> 電話：03-5339-8625
> HP ：http://tokyo-foreigner.jsite.mhlw.go.jp
>
> ■ 名古屋
> 名古屋外国人雇用サービスセンター
> 住所：〒460-0008 愛知県名古屋市中区栄4-1-1 中日ビル12階
> 電話：052-264-1901
> HP ：http://aichi-foreigner.jsite.mhlw.go.jp
>
> ■ 大阪
> 大阪外国人雇用サービスセンター
> 住所：〒530-0017 大阪市北区角田町8-47 阪急グランドビル16階
> 電話：06-7709-9465
> HP ：http://osaka-foreigner.jsite.mhlw.go.jp

■ 人材紹介会社、人材派遣会社からの紹介
■ 外国人労働者の友人や知人からの紹介
■ その他
- インターンシップの受入れ
- 研修・技能実習制度の活用　　　　　　　　　など

2 書類審査のポイント

●**履歴書は記載事項をあらかじめ指定する**

外国人の場合も、日本人と同様、履歴書を事前に送付してもらい、書類審査を通過した候補者に対して採用面接を実施するとよいでしょう。

履歴書は、外国人の母国語で記載されることになります。内容は、記載事項をあらかじめ指定しておくと、候補者の比較が容易になり、書類審査の際に便利です。既に日本にいる留学生等を採用する場合には、日本語の履歴書も一緒に提出してもらいましょう。

特に、外国人の場合は在留資格の認定等が問題となりますので、その判断要素となる学歴（専攻科目）、職歴（担当職務内容）等は詳細な記入をしてもらいましょう。一般的には、左ページの事項を指定しておくとよいでしょう。

●**職務経歴書も一緒に用意してもらう**

また、履歴書と別途、職務経歴書を準備してもらいましょう。

職務経歴書には、いつからいつまで、どのような企業に雇用され、どのような権限、責務で、どのような職務内容を行ない、どのような業績をあげたかを具体的に記載してもらうようにしてください。

●**応募書類でチェックするポイント**

まず、入社後に従事する予定の業務が外国人の在留資格の対象となるか確認します。

例えば、翻訳・通訳であれば「人文知識・国際業務」、エンジニアであれば「技術」を有していることが必要です。また、在留期限が切れていないかどうかを確認します。

これらの「在留資格」「在留期限」は、会社にとって不法就労者を雇用しないための最重要事項ですので、要件を満たしていないことが明らかな場合は、採用面接には進めないでください。

その他のチェックポイントは、書類の基本的な体裁が整っているか（必要事項が記載されているか、誤字・脱字がないかなど）、内容が具体的で希望する人材と合致しているかなど、概ね日本人と同様です。

第4章 外国人労働者の募集と採用

提出してもらう応募書類の書式

■履歴書の書式

- できる限り、母国語と日本語の両方の履歴書を提出してもらう（母国語の履歴書は必須）
- 日本語の履歴書は、市販の定型書式で足りる
- 母国語の履歴書は、記載事項をあらかじめ指定

記載事項例
- ☑ 氏名
- ☑ 生年月日、年齢、性別
- ☑ 国籍・地域
- ☑ 在留資格、在留期限
- ☑ 資格外活動の許可の有無
- ☑ 住所
- ☑ （日本に住んでいない場合）母国の住所
- ☑ 連絡先（電話番号、メールアドレス等）
- ☑ 学歴（専攻科目の詳細、学位・資格等）
- ☑ 職歴（担当職務内容の詳細等）
- ☑ 日本語の学習歴
- ☑ 保有資格（特に言語スキル）
- ☑ 自己PR
- ☑ 志望の動機　など

■職務経歴書も一緒に

- 候補者の比較が容易になり、書類審査の際に便利
- 在留資格や職業能力、日本語能力の判断要素となる事項は、詳細に記入してもらう

3 採用面接のポイント

● 採用面接の準備は入念に

採用面接では慎重に選別するため、複数の面接官で行ないましょう。1次、2次面接等に分け、質問内容、面接官の構成を変えて、さまざまな角度から審査します。

そして、面接を行なう前に、できる限り客観的な評価になるよう、一定の質問事項を決めておき、それに対する評価基準などをメモして事前に用意しておきます。

● 法律上雇用できるか

外国人は入国の際に与えられた在留資格の範囲内で、かつ、定められた在留期間に限って就労が認められます。したがって、仕事の内容が在留資格の範囲内か、在留期限を過ぎていないかをパスポート・在留カード等を面接時に持参してもらい、必ず現物で確かめましょう。また、氏名や生年月日、写真等の基本的な記載事項もチェックして、本人と相違ないことを確認しておきましょう。

● 仕事ができるか

次に、能力上、仕事ができるかどうかを見極める必要があります。能力とは、大きく分けて職業能力と日本語能力があります。

職業能力とは会社の業務を遂行する能力であり、日本人と同じように審査します。

外国人特有で問題となる能力は、日本語能力です。日本での滞在期間が長くなると、日本語の日常会話はある程度できるようになりますが、読み書きができるかどうかは別物です。会話はできるけど、読み書きがまったくできない外国人は少なくありません。

会社の業務マニュアル等の社内文書の読解、報告書の作成など、読み書きが必要となる場面は多くあります。採用面接で会話能力とともに読み書きの能力もチェックしましょう。

具体的には、履歴書の資格（日本語能力試験など）のみで判断せず、面接の場で、簡単な筆記試験を行なうことをお勧めします。「どんな交通手段で来ましたか」「朝食は何を食べましたか」などの簡単な筆記試験で日本語能力を審査するとよいでしょう（筆記試験の例は付録1参照）。

採用面接における評価のポイント

■ 法律上雇用できるか？

・在留資格の範囲内で、かつ、定められた在留期間に限って就労が認められる

⇒仕事の内容が在留資格の範囲内か、在留期限を過ぎていないかをパスポート・在留カード等の現物で必ず確かめる。

■ 仕事ができるか？

・職業能力のチェック
・日本語能力のチェック

⇒採用面接で会話能力とともに読み書きの能力もチェック。簡単な筆記試験で、日本語能力を面接の現場で確認することが重要。

面接の評価基準例

- ☑ 在留資格の有無
- ☑ 在留資格認定または変更等の可能性
- ☑ 資格外活動許可の有無
- ☑ 知識・経験
- ☑ 日本語能力（話す、聞く、読む、書く）
- ☑ マナー・身だしなみ（挨拶、返事、目線、姿勢、服装等）
- ☑ 協調性
- ☑ コミュニケーション
- ☑ 責任感
- ☑ リーダーシップ
- ☑ 適応力
- ☑ 達成志向
- ☑ 自己認識
- ☑ 問題解決力
- ☑ マネジメント　など

4 外国人留学生を新卒採用する場合の手続き

●在留資格の変更

「留学」の在留資格がある外国人が大学を卒業し、日本の会社に就職するには、その就職先の仕事内容に応じて「人文知識・国際業務」「技術」等の在留資格への変更の手続きが必要です。

当然のことながら、「留学」の在留資格のまま雇用することはできません。既に外国人本人が日本に在留していることから、新たに招へいする必要はなく、在留資格を変更する手続きをとることになります。

なお、入社日に就労できる在留資格に変更できていない場合、そのまま就労させると不法就労になってしまうため、入社を延期しなければなりません。

在留資格変更の手続きは左ページのスケジュールを参考に、早めに行なうことが必要です。

●許可の基準

例えば、「留学」から「人文知識・国際業務」に在留資格の変更をする場合には、第3章2項で述べた通り、さまざまな要件をクリアする必要があります。単に大学等を卒業したからといって、どのような業務にも就労できるわけではありません。

留学生が、就労の在留資格に要求される学歴を満たしているか、または実務経験の年数・経験等を満たしているか、学校の専攻科目と会社で実際に担当する業務との間に関連性があるか、日本人と同等以上の給料を得ているかなどが審査されます。

したがって、採用の際には、これらの基準をクリアしているか判断するため、在学中に専攻していた科目が自社で従事する在留資格の基準に合っているかなど、十分に見極めることが重要です。

●在留資格変更許可申請

在留資格を変更するためには、在留資格変更許可申請書を必要書類とともに、外国人留学生の居住地を管轄する地方入国管理局、支局、出張所等に提出する必要があります。必要書類は、左ページの通りです（在留資格変更許可申請書は第3章7項参照）。

第4章 外国人労働者の募集と採用

内定後の在留資格変更手続きのスケジュール

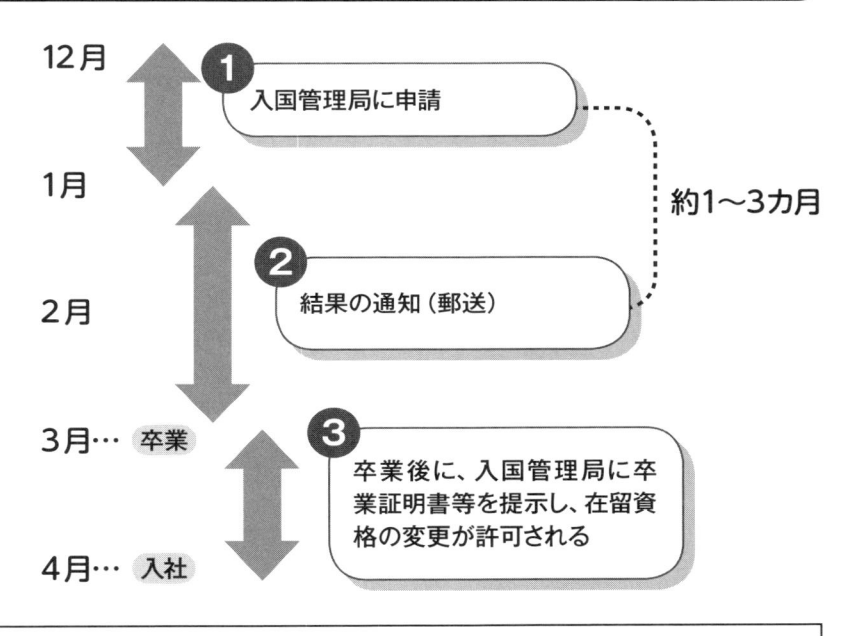

12月
① 入国管理局に申請

1月

約1〜3カ月

2月
② 結果の通知（郵送）

3月… 卒業

③ 卒業後に、入国管理局に卒業証明書等を提示し、在留資格の変更が許可される

4月… 入社

（1）留学生が準備する書類
- ☑ 在留資格変更許可申請書（申請人等作成用1、2。記載例は第3章7項）
- ☑ パスポート
- ☑ 在留カード
- ☑ 履歴書
- ☑ 卒業証明書または卒業見込証明書
- ☑ 申請理由書

（2）会社が準備する書類
- ☑ 在留資格変更許可申請書（所属機関等作成用1、2。記載例は第3章7項）
- ☑ 雇用契約書または採用内定通知書（職務内容、報酬、雇用期間等を明記）
- ☑ 法人登記事項証明書
- ☑ 決算報告書
- ☑ 給与所得の源泉徴収票の法定調書合計表
- ☑ 会社案内（事業内容のわかるパンフレット等）
- ☑ 雇用理由書

5 日本に滞在する外国人を中途採用する場合の手続き

●在留資格の変更が必要な場合

既に日本で就労している外国人に対し、転職により現在有する在留資格ではできない活動を行なわせようとする場合は、在留資格変更許可申請が必要となります。

そこで、外国人の転職者を採用する場合には、就労資格証明書を取得することで、自社の就労業務が現在の在留資格の活動に含まれ、自社の就労業務に従事させる自社での就労業務に応じた在留資格に変更してもらうことにつき、問題ない旨の行政の確認を得ることができます。

つまり、就労資格証明書により、その外国人が次の在留期間更新許可申請で許可されるかどうかをあらかじめ確かめることができます。これにより、企業は、安心して当該外国人を雇用することができ、外国人本人も安心して転職することができます。

ただし、この就労資格証明書を取得したとしても、必ず更新が許可されるわけではありません。その後、外国人が違法行為をした場合等では不許可となる可能性があることになります。転職前に変更しなければならないので、注意してください。

●在留資格の変更が不要な場合

在留資格の変更が不要な場合でも、採用を決定した段階で、自社においても就労が認められるかどうか、就労資格証明書を取得して確認することが重要です。

就労資格証明書とは、申請した外国人が行なうことができる就労活動を法務大臣が公的に証明する文書です。外国人転職者が前職で取得した在留資格は、あくまでその外国人が前職で働くことを前提に許可されたものですので、自社で働く場合にも同じ在留資格が認められるかどうかはわかりません。実際には、数カ月から数年先の在留期間更新許可申請の結果によって判明することになります。

なお、入管法上、就労資格証明書の交付申請は義務ではありませんが、転職者の採用の際には、お互い安心できるよう、申請・取得されることをお勧めします。

第4章 外国人労働者の募集と採用

[記入例] 就労資格証明書交付申請書

別記第二十九号の五様式(第十九条の四関係)　　　　　　　日本国政府法務省
　　　　　　　　　　　　　　　　　　　　　　　Ministry of Justice, Government of Japan

就 労 資 格 証 明 書 交 付 申 請 書
APPLICATION FOR CERTIFICATE OF AUTHORIZED EMPLOYMENT

東京 入国管理局長　殿
To the Director General of　Regional Immigration Bureau

出入国管理及び難民認定法第19条の2第1項の規定に基づき、次のとおり就労資格証明書の交付を申請します。
Pursuant to the provisions of Paragraph 1 of Article 19-2 of the Immigration Control and Refugee Recognition Act, I hereby apply for a certificate of authorized employment.

1　国籍・地域　Nationality / Region：中国
2　生年月日　Date of birth：1970年 9月 29日
3　氏名　Name：WANG PING (王平)
4　性別　Sex：男・女
5　住居地　Address in Japan：東京都大田区○○
　電話番号　Telephone No.：03-○○○○-○○○○
　携帯電話番号　Cellular Phone No.：090-○○○○-○○○○
6　旅券 (1)番号　Passport Number：G○○○○○○○
　　　(2)有効期限　Date of expiration：2020年 4月 30日
7　在留の資格　Status of residence：技術
　　在留期間　Period of stay：3年
　　在留期間の満了日　Date of expiration：2017年 4月 7日
8　在留カード番号/特別永住者証明書番号　Residence card number / Special Permanent Resident Certificate number：AB○○○○○○○○CD
9　証明を希望する活動の内容　Desired activity to be certified
　○○株式会社で従事している機械工学の専門技術を必要とする業務

10　就労する期間　Period of work
　　from 2014年 4月 1日 から to 2017年 3月 31日まで
11　使用目的　Purpose of use：勤務先 (○○株式会社) に提出するため
12　法定代理人 (法定代理人による申請の場合に記入) Legal representative (in case of legal representative)
　(1)氏名　Name
　(2)本人との関係　Relationship with the applicant
　(3)住所　Address
　電話番号　Telephone No.
　携帯電話番号　Cellular phone No.

以上の記載内容は事実と相違ありません。I hereby declare that the statement given above is true and correct.
申請人 (法定代理人) の署名／申請書作成年月日　Signature of the applicant (legal representative) / Date of filling in this form

本人の署名　　××年 ××月 ××日

注意 申請書作成後申請までに記載内容に変更が生じた場合、申請人 (法定代理人) が変更箇所を訂正し、署名すること。
Attention In cases where descriptions have changed after filling in this application form up until submission of this application, the applicant (legal representative) must correct the part concerned and sign their name.

※　取次者　Agent or other authorized person
　(1)氏名　Name
　(2)住所　Address
　(3)所属機関等　Organization to which the agent belongs
　電話番号　Telephone No.

出所：法務省HP資料をもとに作成

6 海外に在住する外国人を採用する場合の手続き①

●国外にいる外国人を採用する際の手続き

海外から外国人を呼び寄せる場合、日本人の場合と比べて、入社するまでに時間と費用がかかります。在留資格が認定されなければ日本に呼び寄せることはできませんので、外国人候補者が業務に対応した在留資格の要件を満たすことを事前に確認しなければなりません。また、遠方になると面接の実施、入社までの必要手続きも煩雑となる点は留意すべきでしょう。

外国人が日本に入国するには、原則として、外国人の本国に置かれている日本の大使館・領事館で、就労を前提としたビザを発給してもらう必要があります。

海外にある日本の大使館・領事館でビザの発給を申請する方法は、①海外にある日本大使館等に直接申請する方法と、②日本国内であらかじめ在留資格認定証明書の交付申請を行なう方法があります。

①は、複数の行政機関が関与するため、ビザ発給までに多くの時間を費やされます。そのため現在では、ビザの申請では、実務上、ほとんど②の方法が利用され

ています。

具体的な手続きの流れは、次項で説明します。

●在留資格認定証明書とは

在留資格認定証明書とは、外国人が日本で行なおうとする活動が上陸のための条件に適合しているか、法務大臣が事前に審査を行ない、適合すると認められる場合に発行される証明書をいいます。

外国人が自国で日本の大使館・領事館にビザの発給申請をする際に、在留資格認定証明書を添付することで、在留資格に係る上陸条件についての法務大臣の事前審査を既に終了しているものとして扱われるため、ビザの発給がスムーズになります。

在留資格認定証明書交付申請書の記入例は左ページの通りです。

なお、在留資格認定証明書は発行後3カ月以内に日本に入国しなければ無効になります。よって、入国のスケジュールを事前によく考えて申請する必要があります。

第4章 外国人労働者の募集と採用

[記入例] 在留資格認定証明書交付申請書

在 留 資 格 認 定 証 明 書 交 付 申 請 書
APPLICATION FOR CERTIFICATE OF ELIGIBILITY

To the Director General of 東京 入国管理局長 殿 Regional Immigration Bureau

写 真 Photo 40mm×30mm → 貼付

出入国管理及び難民認定法第7条の2の規定に基づき、次のとおり同法第7条第1項第2号に掲げる条件に適合している旨の証明書の交付を申請します。
Pursuant to the provisions of Article 7-2 of the Immigration Control and Refugee Recognition Act, I hereby apply for the certificate showing eligibility for the conditions provided for in 7, Paragraph 1, Item 2 of the said Act.

1 国籍・地域 Nationality/Region: 中国
2 生年月日 Date of birth: 1960年 9月 29日
3 氏名 Name (Family name / Given name): WANG PING (王平)
4 性別 Sex: 男 / ~~女~~
5 出生地 Place of birth: 中国 上海
6 配偶者の有無 Marital status: 有 / (無)
7 職業 Occupation: 会社員
8 本国における居住地 Home town/city: 中国 上海
9 日本における連絡先 Address in Japan: 東京都大田区○○
  電話番号 Telephone No.: 03-○○○○-○○○○
  携帯電話番号 Cellular phone No.: 090-○○○○-○○○○
10 旅券 Passport (1)番号 Number: G○○○○○○○○
  (2)有効期限 Date of expiration: 2020年 4月 30日
11 入国目的 Purpose of entry: ✓ N「人文知識・国際業務」Specialist in Humanities / International Services
12 入国予定年月日 Date of entry: 2014年 10月 1日
13 上陸予定港 Port of entry: 成田
14 滞在予定期間 Intended length of stay: 3年
15 同伴者の有無 Accompanying persons, if any: 有 / (無)
16 査証申請予定地 Intended place to apply for visa: 中国 上海
17 過去の出入国歴 Past entry into / departure from Japan: (有) / 無
  回数 time(s): 3
  直近の出入国歴 The latest entry from 2010年 4月 1日 から 2010年 6月 1日
18 犯罪を理由とする処分を受けたことの有無（日本国外におけるものを含む。）Criminal record (in Japan / overseas): 有 / (無)
19 退去強制又は出国命令による出国の有無 Departure by deportation / departure order: 有 / (無)
20 在日親族（父・母・配偶者・子・兄弟姉妹など）及び同居者 Family in Japan: なし

（注）裏面参照の上、申請に必要な書類を作成して下さい。Note : Please fill in forms required for application. (See notes on reverse side.)

出所：法務省HP資料をもとに作成

申請人等作成用 2　N （「研究」・「技能」・「人文知識・国際業務」・「技能」・「特定活動（イ・ロ）」）
For applicant, part 2　N ("Researcher" / "Engineer" / "Specialist as Humanities / International Services" /
"Skilled Labor" / "Designated Activities(a/b)")　　　　　　　　　　　在留資格認定証明書用
　　　　　　　　　　　　　　　　　　　　　　　　　　　　　　　　　For certificate of eligibility

21　勤務先　　※ (2)及び(3)については，主たる勤務場所の所在地及び電話番号を記載すること。
　　Place of employment　　For sub-items (2) and (3), give the address and telephone number of your principal place of employment.
　(1)名称　　　　　　　　　　　　　　　　　支店・事業所名
　　　Name　　○○株式会社　　　　　　　　　Name of branch　　○○事業所
　(2)所在地　　東京都千代田区○○　　　　　(3)電話番号
　　　Address　　　　　　　　　　　　　　　　Telephone No.　03-○○○○-○○○○

22　最終学歴　Education (last school or institution)
　□ 大学院（博士）　□ 大学院（修士）　☑ 大学　　　□ 短期大学　　□ 専門学校
　　　Doctor　　　　　　Master　　　　　　Bachelor　　　Junior college　　College of technology
　□ 高等学校　　　　□ 中学校　　　　　□ その他（　　　　　）
　　Senior high school　　Junior high school　　Others
　(1)学校名　　　　　　　　　　　　　　　(2)卒業年月日　　　年　　　　月　　　　日
　　Name of school　　　　　　　　　　　　Date of graduation　Year　　Month　　Day

23　専攻・専門分野　Major field of study
　(22で大学院（博士）～短期大学の場合) (Check one of the followings when the answer to the question 22 is from doctor to junior college)
　□ 法学　　　☑ 経済学　　　□ 政治学　　　□ 商学　　　　　□ 経営学　　　　　　　　□ 文学
　　Law　　　　　Economics　　　Politics　　　Commercial science　Business administration　Literature
　□ 語学　　　□ 社会学　　　□ 歴史学　　　□ 心理学　　　□ 教育学　　　　　　　　□ 芸術学
　　Linguistics　　Sociology　　　History　　　Psychology　　Education　　　　　　　　Science of art
　□ その他人文・社会科学（　　　　　　　　）　□ 理学　　　　□ 化学　　　　　　　　□ 工学
　　Others(cultural / social science)　　　　　　　Science　　　　Chemistry　　　　　　　Engineering
　□ 農学　　　□ 水産学　　　□ 薬学　　　□ 医学　　　□ 歯学
　　Agriculture　　Fisheries　　　Pharmacy　　　Medicine　　Dentistry
　□ その他自然科学（　　　）　□ 体育学　　　□ その他（　　　　　　　　　　　）
　　Others(natural science)　　　Sports science　　Others
　(22で専門学校の場合) (Check one of the followings when the answer to the question 22 is college of technology)
　□ 工業　　　□ 農業　　　□ 医療・衛生　　　□ 教育・社会福祉　　　□ 法律
　　Engineering　　Agriculture　　Medical services / Hygienics　　Education / Social welfare　　Law
　□ 商業実務　　□ 服飾・家政　　□ 文化・教養　　□ その他（　　　　　）
　　Practical commercial business　Dress design / Home economics　Culture / Education　Others

24　情報処理技術者資格又は試験合格の有無（情報処理業務従事者のみ記入）　　有・無
　　Does the applicant have any qualifications for information processing or has he / she passed the certifying examination?　Yes / No
　　(when the applicant is engaged in information processing)
　（資格名又は試験名）
　　Name of the qualification or certifying examination　＿＿＿＿＿＿＿＿＿＿＿＿＿＿＿＿＿＿

25　職　歴　Employment history

年	月	職　　歴	年	月	職　　歴
Year	Month	Employment history	Year	Month	Employment history
1983	4	○○○○			
		現在に至る			

26　申請人，法定代理人，法第7条の2第2項に規定する代理人
　　Applicant, legal representative or the authorized representative, prescribed in Paragraph 2 of Article 7-2.
　(1)氏　名　　山田太郎　　　　　　　　(2)本人との関係　　招へい機関職員
　　　Name　　　　　　　　　　　　　　　　Relationship with the applicant
　(3)住　所　　東京都千代田区○○
　　　Address
　　電話番号　03-○○○○-○○○○　　　携帯電話番号　090-○○○○-○○○○
　　Telephone No.　　　　　　　　　　　　Cellular Phone No.
　以上の記載内容は事実と相違ありません。I hereby declare that the statement given above is true and correct.
　申請人（代理人）の署名／申請書作成年月日　Signature of the applicant (representative) / Date of filling in this form
　　　　本人の署名　　　　　　　　　××　年　××　月　××　日
　　　　　　　　　　　　　　　　　　　　　　Year　　Month　　Day
注　意　申請書作成後申請までに記載内容に変更が生じた場合，申請人（代理人）が変更箇所を訂正し，署名すること。
Attention　In cases where descriptions have changed after filling in this application form up until submission of this application, the applicar
　　　(representative) must correct the part concerned and sign their name.

※　取次者　　Agent or other authorized person
　(1)氏　名　　　　　　　　　　　　　(2)住　所
　　　Name　　　　　　　　　　　　　　　Address
　(3)所属機関等　　　　　　　　　　　　　　　　　　　電話番号
　　Organization to which the agent belongs　　　　　　Telephone No.

第4章 外国人労働者の募集と採用

所属機関等作成用1　N（「研究」・「技術」・「人文知識・国際業務」・「技能」・「特定活動（イ・ロ）」）
For organization, part 1 N ("Researcher" / "Engineer" / "Specialist as Humanities / International Services" / "Skilled Labor" / Designated Activities(a/b)")　在留資格認定証明書用 For certificate of eligibility

1　雇用又は招へいする外国人の氏名　　**WANG PING（王平）**
　Name of the foreigner to employ or invite

2　勤務先　Place of employment
※（3）、（6）及び（7）については、主たる勤務場所について記載すること。 For sub-items (3), (6) and (7) give the address and telephone number of employees of your principal place of employment.
帝国・地方公共団体、独立行政法人、公益財団・社団法人その他非営利法人の場合は(4)及び(5)の記載は不要。 In cases of a national or local government, incorporated administrative agency, public interest incorporated association or foundation or one other nonprofit corporation, you are not required to fill in sub-items (4) and (5).

(1) 名称　　**○○株式会社**　　　支店・事業所名　**○○事業所**
　　Name　　　　　　　　　　　　　Name of branch

(2) 事業内容　Type of business
製　造【 □一般機械　□電機　□通信機　□自動車　□鉄鋼　□化学
Manufacturing　Machinery　Electrical machinery Telecommunication Automobile Steel Chemistry
　　　　　　　□繊維　□食品　□その他（　　　）】
　　　　　　　Textile　Food　Others
運　輸【 □航空　□海運　□旅行業　□その他（　　　）】
Transportation Airline Shipping Travel agency Others
金融保険【 □銀行　□保険　□証券　□その他（　　　）】
Finance　Banking Insurance Security Others
商　業【 ☑貿易　□その他（　　　）】
Commerce　Trade　Others
教　育【 □大学　□高校　□語学学校　□その他（　　　）】
Education University Senior high school Language school Others
報　道【 □通信　□新聞　□放送　□その他（　　　）】
Journalism News agency Newspaper Broadcasting Others
□建設　□コンピュータ関連サービス　□人材派遣　□広告
Construction Computer services Dispatch of personnel Advertising
□ホテル　□料理店　□医療　□出版　□調査研究
Hotel Restaurant Medical services Publishing Research
□農林水産　□不動産　□その他（　　　　　　）
Agriculture / Forestry / Fishery Real estate Others

(3) 所在地　**東京都千代田区○○**
　　Address
　　電話番号　**03-○○○○-○○○○**
　　Telephone No.
(4) 資本金　**○○○○**　円
　　Capital　　　　　　Yen
(5) 年間売上高（直近年度）　**○○○○**　円
　　Annual sales (latest year)　　　　　Yen
(6) 従業員数　**○○** 名　(7) 外国人職員数　**○** 名
　　Number of employees　　　　　Number of foreign employees

3　就労予定期間　**3年**
　Period of work

4　給与・報酬（税引き前の支払額）　**30万** 円（□年額 ☑月額）
　Salary/Reward (amount of payment before taxes)　Yen Annual Monthly

5　実務経験年数　**30** 年　6　職務上の地位　**社員**
　Business experience　Year(s)　Position

7　職務内容　Type of work
□販売・営業　□翻訳・通訳　□コピーライティング　☑海外業務
Sales / Business Translation / Interpretation Copywriting Overseas business
□設計　□広報・宣伝　□調査研究
Design　Publicity　Research
□技術開発（情報処理分野）　□技術開発（情報処理分野以外）
Technological development (information processing) Technological development (excluding information processing)
□貿易業務　□国際金融　□法律業務　□会計業務
Trading business International finance Legal business Accounting
□教育　□報道　□調理　□その他（　　）
Education Journalism Cooking Others

(4) 資本金　　　　円
　　Capital　　　Yen
(5) 年間売上高（直近年度）　　　円
　　Annual sales (latest year)　　Yen
(6) 派遣予定期間
　　Period of dispatch

以上の記載内容は事実と相違ありません。I hereby declare that the statement given above is true and correct.
勤務先又は所属機関名，代表者氏名の記名及び押印／申請書作成年月日
Name of the organization and representative, and official seal of the organization　/ Date of filling in this form

○○株式会社　代表取締役○○　㊞代表取締役印　**××** 年 **××** 月 **××** 日
　　　　　　　　　　　　　　　　　　　　　　　　Year　Month　Day

注意　Attention
申請書作成後申請までに記載内容に変更が生じた場合，所属機関等が変更箇所を訂正し，押印すること。
In cases where descriptions have changed after filling in this application form up until submission of this application, the organization must correct the part concerned and press its seal on the correction.

79

7 海外に在住する外国人を採用する場合の手続き②

●手続きの流れ

前項で述べた通り、就労ビザの申請では、実務上、ほとんど日本国内であらかじめ在留資格認定証明書の交付申請を行なう方法が利用されています。以下、この方法の具体的な手続きを説明します。

① 在留資格認定証明書の交付申請

外国人を採用した企業、もしくはその依頼を受けた弁護士・行政書士等の申請代理人、または外国人本人が、外国人の居住予定地または雇用先企業等の所在地を管轄する地方入国管理局に、在留資格認定証明書交付申請書を提出して申請をします。

② 在留資格認定証明書の交付

申請から審査に通常1～3カ月程度かかります。問題がなければ、通常は、入国管理局から雇用先企業に、在留資格認定証明書が交付されます。企業は、記載内容に誤りがないかどうかを確認し、その原本を国外にいる外国人本人宛てに確実な方法で郵送します。

③ ビザ発給申請

外国人は、自国で在留資格認定証明書を受領した後、必要書類にこの証明書を添付して、自国の日本大使館・領事館にビザ発給の申請をします。

④ ビザ交付

在留資格認定証明書が交付されている場合は、既に在留資格に関する事前調査が終了しているものとして扱われるため、ビザの発給が通常数日～数週間程度で発給されます。

もっとも、在留資格認定証明書の発行後に、本人に上陸拒否事由に該当する事項が判明した場合など、例外的にビザが発給されないこともあります。また、日本大使館・領事館の判断が入管の判断と異なる場合もあり、ビザが不発給となるケースもあります。

⑤ 上陸申請

ビザを取得した上で日本に渡航し、入国審査官にこれを提示して上陸申請を行ないます。ここで特別な事情がない限り、在留資格認定証明書記載の在留資格が外国人に付与されることになります。

第4章 外国人労働者の募集と採用

外国人が日本に入国する前に行なう手続き

1 在留資格認定証明書の交付申請

外国人の居住予定地または雇用先企業等の所在地を管轄する地方入国管理局に、在留資格認定証明書交付申請書を提出。審査には通常1～3カ月程度かかる

2 在留資格認定証明書の交付

入国管理局から雇用先企業に在留資格認定証明書が交付。原本を国外にいる外国人本人宛てに確実な方法で郵送する

3 ビザ発給申請

自国の日本大使館・領事館にビザ発給を申請

4 ビザ交付

通常数日～数週間程度で発給されるが、例外的にビザが発給されないケースも

5 上陸申請

ビザを取得した上で日本に渡航し、入国審査官にこれを提示して上陸申請を行なう

在留資格付与

8 外国人が日本に入国した後に行なう手続き

●外国人登録証明書から在留カードに

外国人が日本に入国した後、在留管理手続きで行なわなければならないことがあります。「第2章7項」で述べた通り、近年の法改正により、外国人情報の管理体制が入国管理局に一元化されるようになり、新しい在留管理制度が導入されました。

新制度では、平成24年7月から、外国人登録証明書に代わって、原則として入国時に在留カードが発行されるようになり、外国人登録の手続きは一定の場合を除き、外国人登録証明書に代わって、原則として入国時に在留カードが発行されるようになっています。

中長期在留者については、一定の場合を除き、外国人登録証明書に代わって、原則として入国時に在留カードが発行されるようになっています。

その他、技術、人文知識・国際業務等、所属機関の存在が在留資格の基礎となっている場合は、所属機関の名称もしくは所在地の変更等が生じた場合には、14日以内に地方入国管理局に届け出る必要があります。

日本人の配偶者等、家族滞在等、配偶者としての身分が在留資格の基礎となっている場合は、配偶者と離婚又は死別した場合には、14日以内に地方入国管理局に届け出なければなりません。

在留カードと在留管理手続きの流れは、左ページの通りです。

企業の側でも、外国人労働者本人に手続きを忘れないよう届出が必要な場合等を周知することが大切です（在留管理制度を外国人に説明する資料は付録8参照）。

なお、在留資格に関連して、外国人の入国後、在留中に在留期間の更新や在留資格の変更などが必要となる場合があります（第3章6・7項参照）。

●在留カード取得後に必要な手続き

新しい在留カード制度では、住居地を定めてから14日以内に、住居地を市区町村に届け出ることになっています。その後、住居地を変更した場合も同様です。

また、氏名、生年月日、性別、国籍等を変更したときは、14日以内に、地方入国管理局に届け出る必要があり

在留カードと在留管理手続きの流れ

入国の審査

旅券に上陸許可の証印をするとともに、中長期在留者には在留カードを交付

住居地の(変更)届出

住居地を定めてから14日以内に、住居地を市区町村に届出(その後、住居地を変更した場合も同様)

氏名等の変更届出

- 氏名、生年月日、性別、国籍等を変更したときは、14日以内に地方入国管理局に届出

所属機関等に関する届出

- 技術等の就労資格(芸術、宗教、及び報道を除く)や留学等の学ぶ資格のうち、所属機関(雇用先や教育機関)の名称もしくは所在地の変更等が生じた場合には、14日以内に地方入国管理局に届出

- 家族滞在、日本人の配偶者等、永住者の配偶者等のうち、配偶者に関するもの。配偶者と離婚または死別した場合、14日以内に地方入国管理局に届出

在留カードの再交付

- 紛失、盗難、滅失、または著しい毀損、汚損等をした場合には、地方入国管理局に再交付を申請

在留審査

在留期間更新許可、在留資格変更許可等の際、中長期在留者には新しい在留カードを交付

出所:法務省入国管理局HPをもとに作成

9 外国人留学生をアルバイトさせる場合の手続き

●外国人留学生のアルバイト採用

既に日本に滞在している外国人を採用する場合、正社員ではなく、アルバイトとして勤務してもらうことがあります。外食産業など、外国人留学生のアルバイト採用が典型的な事例です。

●アルバイトの募集方法

外国人アルバイトの募集方法は、基本的には日本人と同様です。

本章1項で述べた通り、求人情報誌、求人サイト等の一般公募の他、外国人を求人対象とするのであれば、外国人雇用サービスセンターなどを利用することが考えられます。

●資格外活動許可を確認する

外国人労働者は、原則として在留資格以外の活動ができません。「留学」の在留資格で滞在している外国人学生がアルバイト等の就労活動をするには、資格外活動許可を入国管理局で得なければなりません。

外国人アルバイトを採用する場合は、当該外国人が資格外活動許可を受けているかどうか、採用前に在留カード等で確認する必要があります。在留カードの裏面に資格外活動許可欄があるので、この欄の記載を確認します（第2章6項の図参照）。

許可を得ていなければ、アルバイトは違法になりますので注意が必要です。

●活動時間と内容に制限がある

留学生は、日本において教育を受けることが目的で来日しています。収入を得ることを目的とする資格外活動は、日本社会への理解や生活費等の負担の軽減等の理由から、特別に認められているものです。

そこで、在留の本来の目的である教育を受けるための活動が疎かにならないよう、アルバイト等により収入を得るための活動は必要最低限の範囲にとどめるため、左表の通り、就労時間に一定の制限があります。

また、このような活動時間の制限の他、活動内容の制限として、風俗営業に関連する業務については、資格外活動が認められません。

外国人留学生をアルバイトさせる場合

「留学」でのアルバイト可能時間

	1週間の アルバイト時間	教育機関の 長期休業中の アルバイト時間
大学等の正規生・専門学校等の学生	1週間につき 28時間以内	1日につき 8時間以内

> **POINT**
>
> 外国人留学生がアルバイト等により収入を得るための活動は、就労時間に一定の制限がある他、活動内容の制限として、風俗営業等に関連する業務については認められない。
> 「資格外活動許可」を受けているかどうか必ず確認しよう

10 入社時に会社が準備しておくべきこと

●外国人雇用状況届出書その他の手続き

企業は、外国人労働者の雇入れまたは離職の際に、当該外国人労働者の氏名、在留資格、在留期間等について確認し、厚生労働大臣（ハローワーク）へ届け出なければならないとされています。

その他、雇用対策法に基づき、企業が遵守すべき法令や、努めるべき雇用管理の内容等を盛り込んだ「外国人労働者の雇用管理の改善等に関して事業主が適切に対処するための指針」（平成19年厚生労働省告示第276号）が定められています（第2章4項の図参照）。この指針に沿って、職場環境の改善や再就職の支援に取り組むようにしましょう。

●社内への事前説明

外国人労働者の採用が決まったら、配置される担当部署の管理監督者、従業員に対して、あらかじめ外国人労働者の概要を説明しておきましょう。

特に、業務を遂行する上で重要な事項に関して、例えば、その外国人労働者を配置する目的、担当する職務内容、職務遂行能力、その職務の経験年数、使用言語、日本語・英語の能力等を説明しておくとよいでしょう。

●職場に溶け込む環境作り

会社は、外国人雇用後、早く職場に溶け込めるよう環境を整えることが重要です。業務マニュアル、職場での注意事項、部署の組織図、職務分担表などを準備し、頻繁に使用する文書は、母国語に翻訳したり、イラスト版を作成することで、日本語能力が十分でない外国人の理解を助けてあげましょう（詳しくは第5章）。

●雇用管理は採用前から準備する

一般に、外国人労働者は国内に生活基盤を有しておらず、日本語や日本のビジネス習慣に慣れていないことなどから、採用前から準備しておかなければなりません。雇用管理は、外国人労働者には、採用・雇用時に労働条件、社内の外国人労働者ルール等を明示し、それらを遵守する誓約をしてもらいます。労働契約書、誓約書等を外国人労働者が理解できる言語で作成して、提出してもらいましょう。

第4章 外国人労働者の募集と採用

［記入例］外国人雇用状況届出書

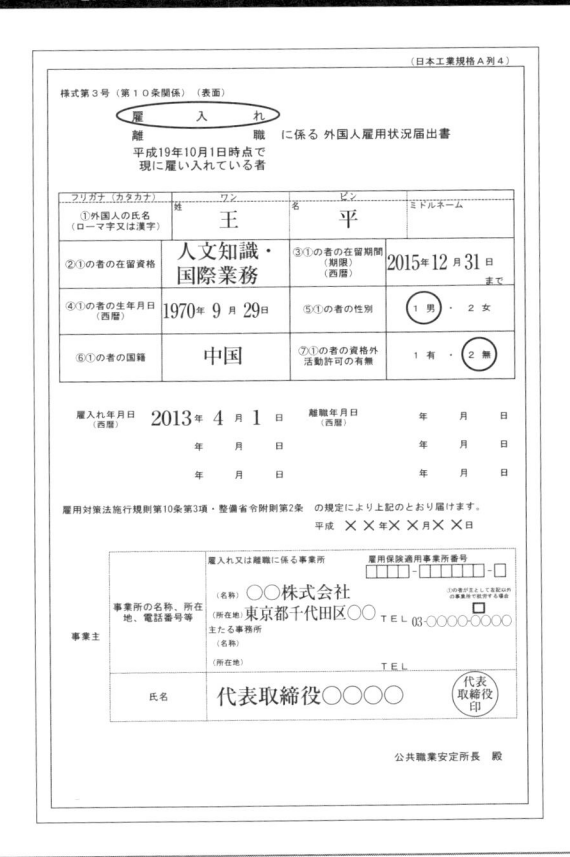

```
様式第3号（第10条関係）（表面）                    （日本工業規格A列4）

          雇　入　れ
          離　　職　　　に係る外国人雇用状況届出書
          平成19年10月1日時点で
          現に雇い入れている者

 フリガナ（カタカナ）    姓 ワン        名 ピン      ミドルネーム
 ①外国人の氏名
 （ローマ字又は漢字）      王           平

 ②①の者の在留資格   人文知識・    ③①の者の在留期間   2015年 12月 31日
                    国際業務         （期限）              まで
                                     （西暦）

 ④①の者の生年月日  1970年 9月 29日  ⑤①の者の性別      1 男 ・ 2 女
    （西暦）

 ⑥①の者の国籍       中国          ⑦①の者の資格外     1 有 ・ 2 無
                                   活動許可の有無

 雇入れ年月日  2013年 4月 1日    離職年月日
   （西暦）                         （西暦）

 雇用対策法施行規則第10条第3項・整備省令附則第2条 の規定により上記のとおり届けます。
                                              平成　ＸＸ年ＸＸ月ＸＸ日

           雇入れ又は離職に係る事業所     雇用保険適用事業所番号
                   （名称）○○株式会社
 事業主   事業所の名称、所在
          地、電話番号等   （所在地）東京都千代田区○○ TEL 03-○○○○-○○○○
                         主たる事務所
                         （名称）
                         （所在地）          TEL

          氏名  代表取締役○○○○                    代表
                                                   取締役
                                                    印

                                              公共職業安定所長　殿
```

【届出方法】

■ 雇用保険の被保険者となる外国人の場合

⇒「雇用保険被保険者資格取得届」の備考欄に、在留資格、在留期間、国籍・地域、資格外活動許可の有無などを記載して届け出る（第5章8項の図参照）。届出先は、雇用保険の適用を受けている事業所を管轄するハローワーク。

■ 雇用保険の被保険者でない外国人の場合

⇒「雇入れ・離職に係る外国人雇用状況届出書」（上図）に、氏名、在留資格、在留期間、生年月日、性別、国籍・地域、資格外活動許可の有無などを記載して届け出る。届出先は、当該外国人が勤務する事業所施設の住所を管轄するハローワーク。届出様式はハローワークの窓口で配布している他、厚生労働省のホームページからダウンロードすることもできる。

11 労働契約書の内容と注意点

●採用・雇用時の労働契約

労働契約は、労働条件に関する理解にズレが生じないよう、明確にしておくことが重要です。外国人は、契約に対する意識が強く、契約に規定のない業務をする必要はないと考えていることが多いです。また、賃金、休暇等の条件に関して、日本人にとって当然のことであっても、外国人には理解できないことがよくあります。

例えば、賃金から控除される社会保険料等は外国人には理解しにくいので、天引きの内容、理由を、医療保険、年金保険の制度と一緒に説明する必要があります。雇用後にトラブルが発生しないよう、外国人労働者の場合は、日本人労働者の場合よりも、より明確かつ詳細に労働条件を定め、説明を尽くしておかなければなりません。

始業・終業の時刻、休憩、休日、休暇、④賃金、⑤退職、解雇、⑥その他の事項（退職金、賞与の有無・金額、労働安全衛生、職業訓練、労働災害補償、懲戒処分、休職等）について明示することを義務付けています。

外国人労働者を雇用するときは、賃金、労働時間、休日などの労働条件を明記した労働契約書（労働条件通知書）を必ず作成して外国人労働者に交付しましょう。

●外国人の契約意識に合わせてカスタマイズする

一般的に、外国人は契約意識が高いため、外国人労働者との雇用契約は、日本人との間で用いる定型的な労働契約書に付加して、自社のニーズに応じて、会社で従事しなければならない業務や決まりごとを別紙にまとめるなど、より詳細に決めておくことが重要です。

また、外国人労働者が労働条件の内容を理解した上で契約しないと、後に契約の効力が争いになる可能性があります。したがって、契約の際には、日本語とともに外国人労働者の母国語による条項を併記した契約書を交わすようにしましょう。

●労働基準法を遵守する

労働基準法では、使用者は労働者を雇用するに際して、①労働契約の期間、②勤務の場所、仕事の内容、③

労働契約書の内容と注意点

■ 労働契約を必ず締結する

【労働条件の明示事項】

書面の交付による明示事項

1. 労働契約の期間
2. 就業の場所、従事する業務の内容
3. 始業・終業時刻、所定労働時間を超える労働の有無、休憩時間、休日、休暇、交替制勤務をさせる場合は就業時転換に関する事項
4. 賃金の決定・計算・支払いの方法、賃金の締切り・支払いの時期に関する事項
5. 退職に関する事項（解雇の事由を含む）

口頭の明示でもよい事項

1. 昇給に関する事項　（※）
2. 退職手当の定めが適用される労働者の範囲、退職手当の決定、計算・支払いの方法、支払いの時期に関する事項　（※）
3. 臨時に支払われる賃金、賞与などに関する事項　（※）
4. 労働者に負担される食費、作業用品その他に関する事項
5. 安全・衛生に関する事項
6. 職業訓練に関する事項
7. 災害補償、業務外の傷病扶助に関する事項
8. 表彰、制裁に関する事項
9. 休職に関する事項

※パートタイマー（短時間労働者）については、パートタイム労働法により、昇給・退職手当・賞与の有無について、文書の交付等による労働条件明示が必要。

■ 外国人の契約意識に合わせてカスタマイズする

・自社のニーズに応じて、会社で従事しなければならない業務や決まりごとを別紙にまとめるなど、より詳細に決めておく

・母国語による条項を併記

【参考】厚生労働省HPに掲載されている、日本語併記の英語による外国人労働者向けモデル労働条件通知書（付録2を参照）をベースにカスタマイズする。

12 誓約書の内容と注意点

●入社時の一般的な誓約書

外国人労働者の入社に際しては、入社後のトラブル防止のため、日本人と同様、各種誓約書を提出してもらう必要があります。社員に守ってもらいたい事項を最初に示すことで、入社後の労務管理が円滑になります。また、社員が誓約書に違反する行為をしたときは誓約書を示して注意指導を行なうことができます。

誓約書の内容として、会社の就業規則や業務上、人事上の指示・命令に従うこと、会社に損害を与えないことなどの条項は必須です。

また、会社の業務上知り得た機密事項等について、在職中のみならず退職後も漏えいしないよう、秘密保持条項を規定しておきましょう。さらに、会社からの貸与物（制服、機器類、顧客情報の資料、データ等）を退職時に返還することも併せて規定しておきます。

その他、必要に応じて、退職後に一定の場所と期間を限定して、同業種の業務を行なうこと（競業行為）を禁止することを検討してもよいでしょう。

なお、誓約書は、就業規則や労働契約で定めた内容を再認識させるものですので、就業規則や労働契約の内容と整合性がとれるようにしておきましょう。

これらの誓約書は、労働契約書等と同様、日本語とともに外国人労働者が理解できる言語で作成しましょう。

●身元保証書

身元保証とは、従業員が業務の遂行に関連して会社に発生させた損害の賠償について、親族などの身元保証人が担保するものです。従業員を雇用する場合に、身元保証人をつけてもらうことがよくありますが、外国人労働者に対しても同様に、身元保証人を可能な限りつけておくとよいでしょう。

身元保証人をつけることは、損害が発生した場合の賠償の担保の他、外国人労働者に対して、会社に損害を与えるような行為をした場合、身元保証人に迷惑がかかることを認識させ、日本の就労に責任感を持たすことができるという効果もあります。

誓約書に規定しておきたい内容

☑ 服務規程の遵守
⇒ 就業規則、その他の諸規程、業務指示命令に従い、誠実に勤務すること。会社のルールを理解させるため、服務規程の遵守に関する内容は詳細に。

☑ 経歴・資格の確認
⇒ 採用にあたって提出した履歴書・職務経歴書等に記載されている経歴、保有資格などに偽りがないこと。

☑ 秘密保持
⇒ 在職中及び退職後に、会社で業務上知り得た情報（秘密情報）を漏洩しないこと。退職時に秘密情報を返還すること。

☑ 退職時の貸与物返還
⇒ 顧客名簿、制服、電子機器（PC、携帯電話等）など、会社からの貸与物を返還すること。

☑ 損害賠償
⇒ 故意または過失により、会社に損害を与えた場合、その賠償責任を負うこと。

☑ 競業避止
⇒ 時間と場所を限定して、退職後の競業行為を禁止する。

第5章

外国人雇用が
スムーズにいく労務管理

1 外国人労働者の定着を目指した労務管理

●外国人労働者の社内での役割を明確に

一般的に、外国人労働者はキャリア志向や給与に対する意識が強いといわれ、会社が求める役割に合わず、能力を活かす場がないと、せっかく雇用してもすぐに辞めてしまい、定着しません。

外国人雇用の継続的な発展のためには、外国人労働者の定着率の向上が重要です。時間と費用をかけて育成した外国人労働者が短期間で辞めてしまっては意味がありません。実際、日本での仕事、生活に慣れないことなどを理由に、辞めてしまう外国人労働者は多いです。したがって、外国人労働者にとって働きがいのある職場を目指す必要があります。

●外国人労働者が働きやすい職場作り

外国人労働者を定着させるためには、まず、会社のルール及び業務内容を早く理解できるようにし、会社に溶け込んでもらうことが重要です。

また、キャリア形成に影響を及ぼす給与・昇給設定や、人事・評価制度を客観性、公平性のあるものにしなければなりません。年齢、勤続年数、出退勤状況等の形式的な評価方法だけでは、自ずと日本人労働者のみが優遇されてしまい、外国人労働者のモチベーションを下げてしまいます。

また、外国人労働者の場合、私生活での苦労が少なくありません。例えば、学校、病院、賃貸住宅等の利用の仕方、市役所、税務署等での手続きがわからないなどで不安を抱えていることがよくあります。よって、社内で指導相談役によるサポートを行なうなど、私生活にまで配慮する必要があります。

●職場のルールを詳細に決めておく

外国人労働者は、仕事に対する考え方、ビジネス習慣も大きく異なりますので、ルールを明確に決めておかないと、認識の違いや誤解が生じ、トラブルが発生する可能性があります。

賃金、労働時間、休日などの基本的な労働条件は労働契約で決められますが、その他、仕事の進め方、休日のとり方まで詳細に決めておくとよいでしょう。

第5章 外国人雇用がスムーズにいく労務管理

外国人労働者の定着のために必要なこと

理解しやすい規律の制定
- 労働契約、就業規則を母国語に翻訳・解説
- 外国人向けの業務マニュアルの作成
- 詳細な職場のルールを定める

公平な人事・評価制度の導入
- 日本人と外国人との間で公平性がある
- 外国人にもキャリア形成の機会を与える

日本での仕事・暮らしをサポートする
- 指導相談役による定期的な面談
- 仕事に関するきめ細やかな指導
- 日本で暮らす知識の教育

社内全体で働きやすい環境作りを

2 外国人労働者が理解しやすい就業規則を作る

●外国人雇用に対応した就業規則

就業規則は、事業所ごとに、従業員の服務規律や労働条件等について定めた会社のルールです。

常時10人以上の労働者を使用する場合、労働時間・賃金及び退職に関する事項などを記載した就業規則を作成しなければなりません。また、就業規則を行政官庁に届け出なければなりません。

就業規則は、会社のルールを定めており、外国人労働者にも適用されます。外国人労働者がいる場合、就業規則を作成する際、通常の規定に加えて、在留資格や在留期間に関する規定が必要となります。

不法就労とならないよう、在留期間の更新申請が不許可とされるなど就労可能な在留資格を失ったときは、雇用契約が終了する旨の規定をしておきましょう。

また、会社のルールを理解できるように、服務規律の条項は詳細に定めておきましょう。

●外国人労働者に理解しやすいものに

就業規則は、労働者に周知しなければならないとされています。

就業規則は、会社の基本的なルールで重要な事項ですので、外国人労働者の母国語に翻訳し、日本語能力が十分でない外国人労働者でも理解しやすいものにしておきましょう。

さらに、外国人労働者との個別の労働契約では、日本人との間で用いる定型的な労働契約書に付加して、自社のニーズに応じて、会社で従事しなければならない業務や決まりごとを別紙にまとめるなど、より詳細に決めておきましょう。

日本と外国とでは、仕事に対する考え方、ビジネス習慣も大きく異なりますので、認識の違いや誤解から、雇用後にトラブルが発生しないよう契約書に明確に記載しておくことが大切です。

外国人労働者の採用時には、労働契約書と就業規則を一緒に渡し、内容を十分に説明します。その上で、内容を理解した旨の署名を外国人労働者からもらっておきましょう。

服務規律の条項例

服務規律

第●条
1 従業員は、所属長の指示命令を誠実に守り、互いに協力して職責を遂行するとともに、職場の秩序の保持に努めなければならない。
2 所属長は、部下の指導に努めるとともに率先して職務の遂行にあたらなければならない。

遵守事項

第●条
従業員は次の事項を遵守しなければならない。

① 勤務中は職務に専念し、みだりに職務の場所を離れないこと
② 会社の命令及び規則に違反しないこと。また、所属長等上司の業務上の指示及び計画に従うこと
③ 職務の権限を越えて専断的な行為をしないこと
④ 常に品位を保ち、会社の名誉や信用を損なう行為をしないこと
⑤ 無断欠勤・無断遅刻等周囲の信頼を失う行為をしないこと
⑥ 会社内外を問わず、在職中及び退職後においても、業務上知り得た会社、取引先等の機密情報（顧客情報、企画案、ノウハウ、データ、ID、パスワード等を含む）を、第三者に開示、漏洩、提供しないこと
⑦ 会社に許可なく、会社所有のパソコンなどを使用し、私的な目的で電子メールの送受信や、業務に無関係なホームページ等の閲覧をしないこと
⑧ 顧客、取引先及び他の従業員の顰蹙を買う又は不快感を与えるような服装、行動等はしないこと
⑨ 会社に許可なく、他の会社に籍を置いたり、自ら事業を営んだりしないこと
⑩ 住所、家庭関係、経歴その他の会社に申告する事項及び各種届出事項について虚偽の申告を行わないこと
⑪ 前各号の他、これらに準ずるような従業員としてふさわしくない行為をしないこと

3 外国人労働者の給与の設定方法

●外国人の給与に対する意識

一般的に、外国人は、日本人より給与に対する意識が強いといわれています。外国人労働者が同じ職場の同僚と互いに給与明細を見せ合い、少なかった者が会社に説明を求めに来たり、苦情をいいに来たりすることもあります。

外国人は、給与は自らの能力、労働に対する評価であると考えていますので、正当な評価がなされているか特に関心が強いのです。したがって、本人の給与額がなぜこの額であるのか、会社が合理的な理由を持って明確に答えられるようにしておくことが重要です。

●給与の説明をする

外国人労働者が納得して仕事ができるよう、定期的な面談において、給与や賞与額の根拠となる評価を説明することが大切です。

外国人労働者の能力に見合った給与査定や昇進を行なうことが、外国人労働者に対する個々の満足度を上げる上で重要となります。

さらに、社内評価で、評価の客観性、公平性が担保されており、明確な基準があることです。処遇に対する個々の満足度を上げる上で重要となります。

を確保することです。外国人労働者は、日本人労働者以上に同業他社にいる外国人労働者の給与を互いに知っていることが多いため、見劣りがするようだと、他社への流出を招いてしまいます。

●法令遵守が基本

給与設定の注意点は、まず大前提として、日本人労働者と外国人労働者との間に不合理な差別がないことです。技術、技能に差があるなど合理的な理由がない場合に、国籍等を理由に、外国人労働者の賃金を下げたり、その他の待遇を低くすることは、法令違反となります。

また、給与について、同業他社と比較して妥当な水準としておきましょう。

また、外国人労働者は、給与明細の各種控除項目（所得税の源泉徴収、社会保険料等）に関して、なぜ差し引かれているのか理解できずにトラブルになることがあります。給与明細を渡す前に、日本の税制度、社会保障制度の仕組みとともに、あらかじめ給与明細の内容を説明

給与設定の注意点

■ 国籍を理由に不合理な差別はしない

■ 賃金支払いの原則（5つ）を遵守する

① **通貨払いの原則**
賃金は、通貨で支払わなければならない。商品券、商品などで支払うことはできない。

② **直接払いの原則**
賃金は、本人に直接支払わなければならない。

③ **全額払いの原則**
法律で給与から控除することが認められる場合（所得税の源泉徴収、労働・社会保険料の本人負担分の控除など）を除き、賃金は全額払いしなければならない。

④ **毎月1回以上支払いの原則**
賃金は、毎月1回以上支払わなければならない。

⑤ **一定期日払いの原則**
賃金は、「毎月○日に支払う」というように支払日を特定しなければならない。

■ 給与明細の説明をする

トラブルを避けるため、外国人労働者には「手取り額」を明らかにする。その上で、控除項目を説明する。

給与から引かれる税金、労働保険・社会保険料

税金	所得税	会社が給料を支払うたびに毎月引かれる。給料に比例して増減する。12月の年末調整で過不足を調整される
	住民税	前年の所得をもとに、次の1年間に支払う金額が計算され課税される
労働保険・社会保険料	雇用保険料	失業したときにお金を受け取るための保険
	厚生年金保険料	老齢、障害または死亡したときに年金を受け取るための保険
	健康保険料	社員と家族の病気や怪我のときに、医療費負担を軽くするために支払われる保険
	介護保険料	認知症、寝たきり等、自力での生活が困難になったときに、介護サービスを受けるための保険

4 外国人労働者が納得できる人事・評価制度の導入

●人事・評価制度の重要性

前項でも述べたように、外国人労働者は、給与やキャリア形成を特に重視します。

外国人労働者を定着させるためには、社内で有意義なキャリア形成が見込め、キャリア形成に影響を及ぼす人事・評価制度を客観性、公平性のあるものにしなければなりません。

日本企業では、日本人労働者のみが優遇されて、外国人労働者が定着しないという事態が起こりがちです。外国人労働者の転職の理由として、役員や主要な部署のトップの多くが日本人のみであること等が挙げられています。外国人労働者と日本人労働者がお互いに納得できる人事・評価制度を導入しましょう。

●望ましい人事・評価制度の内容

人事・評価制度は、客観性、公平性があることが重要です。まずは、評価項目と評価基準を決めます。

そして、評価の仕組みを社員全員に公表します。その上で、各社員の目標を具体的に設定し、評価時期に達成率を算出するなど、誰でも理解できるシンプルなものにするとよいでしょう。目標を設定し、その達成度合いを数値化することで、社員の仕事ぶりが目に見える形となり、評価の客観性を保つことができます。

目標を設定するにあたっては、無理のない適正かつ妥当な目標となるように上司が社員本人と個別に話し合う必要があります。話し合いでは、業務の成果目標を決めるだけではなく、上司が目標を達成するために必要な知識・技能等もあらかじめ示しておくと、目標の達成方法がよりイメージしやすくなります。

例えば、目標未達の原因が日本語能力不足にあるのであれば、上司が面談で、語学学校に通う等、日本語能力向上のための方法を提案し、日本語能力検定1級の取得等、目標となる技能も併せて示すとよいでしょう。

また、複数の人からの評価を反映し、評価を社員本人にフィードバックしてください。個別の面談を行ない、どのような評価なのか、なぜこのような評価なのか、どうしたら評価が上がるのか等を伝えるようにしましょう。

定着率に大きな影響を与える人事・評価制度

■評価項目と評価基準を明確に

評価項目・評価基準（例：営業職）

(1) 業績評価、プロセス評価
- ☑ （チーム、個人）売上高、粗利益高
- ☑ 面談件数、紹介件数、イベント件数

(2) 能力評価
- ☑ 企画提案力、対策立案力
- ☑ 実行力
- ☑ 業務改善力
- ☑ 対外折衝力
- ☑ 部下育成指導力

(3) 情意（態度）評価
- ☑ 責任性
- ☑ 積極性
- ☑ 協調性

※各項目につき、5～7段階で評価。

■フィードバックを忘れずに

面談の進め方

① **評価結果の開示**

② **指導・助言**
⇒評価結果を踏まえ、社員の職務上の成果や能力、言動についての会社としての意見等を客観的な事実に即して説明し、今後の業務遂行等に当たっての指導や助言等を行なう。

▶▶▶例
- 成果はどうであったか。目標を達成できているか。原因は何か
- 能力等で評価が高かったもの、低かったものは何か
- 能力向上を図るためにはどうしたらよいか
- 組織や個人としての業務の進め方に問題がなかったか
- 今後、どのように取り組むか

5 業務マニュアルを作る

●業務内容を早く理解できるように準備する

会社は、雇用後、外国人労働者が早く職場に溶け込めるように環境を整えることが重要です。まず、何よりも優先すべきことは、外国人労働者に自分が担当する業務を正確に理解してもらうことです。

新入社員が入社後、仕事を覚えて、ある程度処理できるようになるまで一定の時間がかかります。特に、外国人労働者は、言語・習慣の違いなどコミュニケーションの問題がありますので、より一層時間がかかります。

そこで、入社後の業務を少しでも円滑にできるように、外国人労働者向けの業務マニュアルを会社で準備しておくとよいでしょう。

例えば、頻繁に使用する重要文書を、母国語に翻訳したり、ひと目で分かるイラスト版を作業場に掲示したりすることで、日本語能力が十分でない外国人労働者にも理解しやすくなります。

また、外国人労働者向けに、日本語学習の定期的な勉強会を社内で開催して、日本語能力向上のサポートをしましょう。業務で頻繁に使用するものに絞って反復して練習すると効果的です。

●外国人労働者向けの業務マニュアルを用意する

外国人労働者が仕事を早く覚えられるように、担当する業務ごとにそれぞれ業務マニュアルを作成しておく必要があります。

例えば、具体的な仕事の進め方の他、職場での注意事項、部署の組織図、職務分担表、勤務予定表等です。

これらの業務マニュアルは、外国人労働者の母国語を併記しましょう。また、文字だけではなく、実際の作業工程の写真やイラストなどを入れて、視覚に訴えることも大切です。

もっとも、これらのマニュアルを書類で配布するだけでは外国人労働者が読まない可能性もあります。

そこで、特に重要な事項は、職場に掲示して常に目に触れるようにしましょう。例えば、朝礼時に従業員全員で読み上げるなど、強制的に確認する習慣にしてもよいでしょう。

第5章 外国人雇用がスムーズにいく労務管理

作業工程のイラスト（例：レトルト食品の作り方）

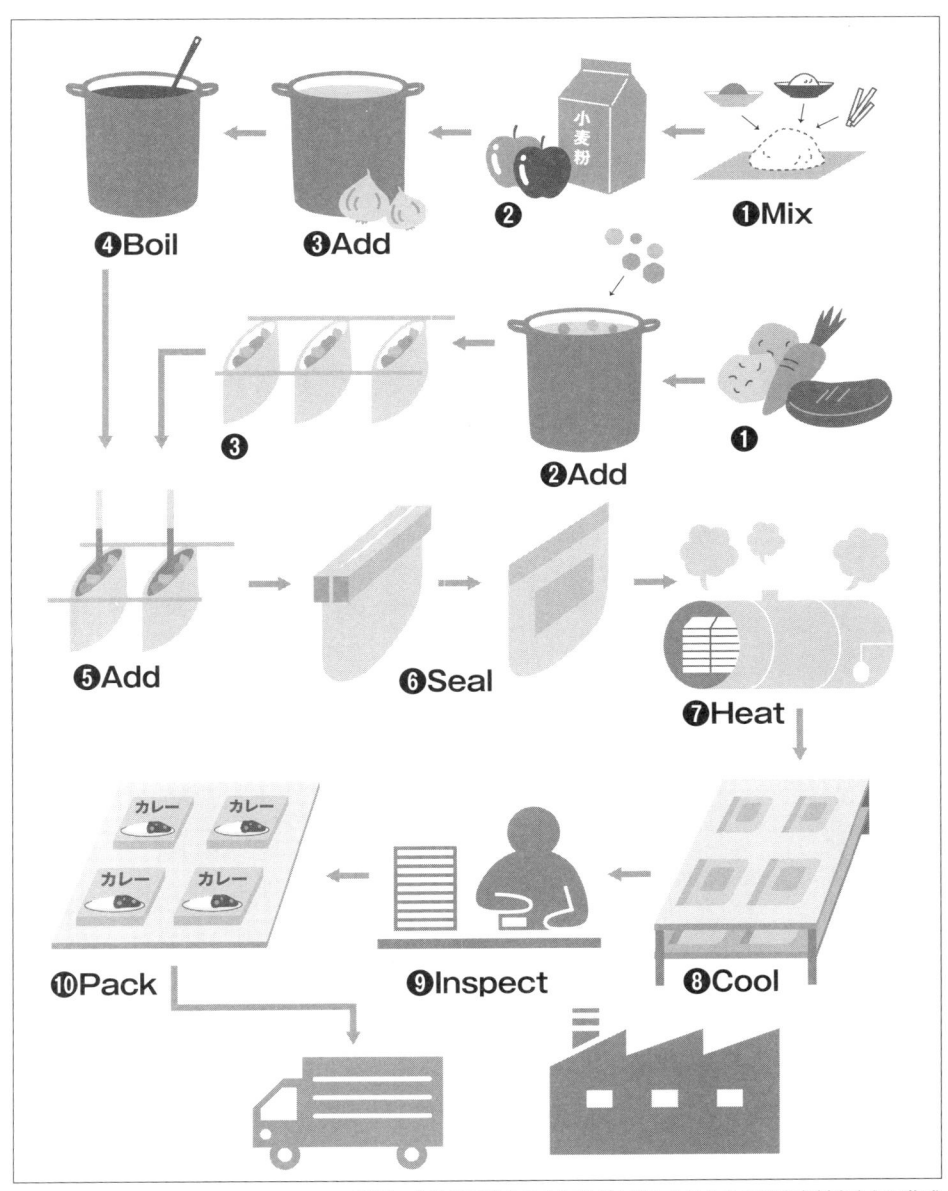

❶Mix
❷
❸Add
❹Boil
❶
❷Add
❸
❺Add
❻Seal
❼Heat
❽Cool
❾Inspect
❿Pack

出所：公益社団法人日本缶詰びん詰レトルト食品協会資料をもとに作成

6 日本で暮らす基礎知識の教育

●私生活まで配慮を

外国人労働者の場合、慣れない異国の地で不安、悩みを抱えていることが多く、意思疎通の行き違い、知識不足から私生活で思わぬトラブルに巻き込まれることもあります。さらに、学校、病院、賃貸住宅等の利用の仕方、市役所、年金事務所、税務署等で必要となる手続きがわからないなど、仕事以外で苦労するということをよく耳にします。よって、外国人労働者の場合は、私生活まで配慮する必要があります。

日本での仕事、暮らしに不安を覚えている外国人労働者のために、社内で、メンター制度を導入して指導・相談役によるサポートを行なったり、日本の社会保障制度、税制度等の説明会を開いたりして不安を和らげてあげましょう（詳しくは第6章）。

私生活にまで配慮をすることで会社に対するロイヤリティが増し、外国人労働者の定着率も上がることでしょう。

●社会保障制度等

日本の労働保険や社会保険などの社会保障制度、税制度は、日本で暮らす外国人労働者にとって重要な事項で外国人労働者にすぐに理解できるものではありません。しかし、外国人労働者にすぐに理解できるものではありません。そこで、これらの制度を母国語で解説したガイドブック等を渡しておきましょう（詳しくは付録6、7、8）。自治体の発行しているパンフレット・小冊子を参考にするとよいでしょう。

●住居

日本の住居費、特に都市部の住居費は高額です。外国人労働者を定着させるために、会社で住居を確保することを検討してもよいでしょう。

賃貸住宅を借りる場合には、近所付き合い等も含め、日本での一般的な住宅の利用方法も一緒に教えておきましょう。外国人労働者がゴミの分別を守らなかったり、深夜にパーティーをして騒音を立てたりしてトラブルになることがあります。

その他、敷金や礼金を理解していなかったり、大家の許可なく設備を変更したりしてトラブルになることもありますので、あらかじめ説明しておきましょう。

外国人労働者に教えてあげたい生活知識

■ 公共施設
- ☑ 病院、学校等の利用の仕方
- ☑ 市役所、年金事務所、税務署等の手続き
- ☑ 公共サービス(電気、水道、ガス、電話、郵便等)の利用の仕方
- ☑ 交通機関(電車、バス、自動車等)の利用の仕方

■ 住居
- ☑ 住宅の利用方法
  - ・部屋の探し方、契約時の注意点
  - ・敷金・礼金、ゴミ出し、騒音　など
- ☑ 住居を確保する配慮
  - ・事業所附属寄宿舎に入居させる
  - ・借り上げた社宅、アパートを安い料金で提供する
- ☑ 緊急のときの連絡先、対処方法
  - ・事件・事故、火事・救急、地震・台風、ガス漏れ　など

■ 社会保障制度等
- ☑ 社会保障制度、税制度、入管手続き等のガイドブックの配布
- ☑ 困ったときに相談できる場所
  - ・市役所、警察、入国管理局、外国人雇用サービスセンター、弁護士会　など

POINT

入社時には概要を説明しておき、入社後に説明会を定期的に開催したり、メンター制度を導入してサポートすると効果的

7 残業・休暇の対応に注意

●未払い残業代を発生させない

近年、未払い残業代をめぐってトラブルになるケースが増えています。

残業代は、原則として、外国人労働者と日本人労働者で同じ扱いとなります。労働関係法令に関する正しい知識を身につけて適切に対処する必要があります。

残業代のトラブルを防ぐためには、社員の労働時間をきっちりと把握し、そもそも未払いという事態を生じさせないようにすることが何より大切です。

会社は、社員の労働時間を把握する義務があります。労働時間を把握していないと、社員が労働時間を記載した日記や手帳のメモなどによって、不正確な残業代を請求してきた場合でも、適切な反証が難しくなってしまいます。

労働時間をできる限り正確に把握するため、タイムカードなどで機械的に記録するようにしましょう。そして、実際の労働時間と一致しているかについて定期的に調査しましょう。

●長期休暇は事前によく話し合う

有給休暇も、原則として、外国人労働者と日本人労働者で同じ扱いとなります。

有給休暇は労働者の権利であり、労働者から申請があれば基本的に拒否することはできません。

ただし、業務の繁忙で代替人員の都合がつかず、その日に休暇をとられると業務が停止するなど重大な事由がある場合には、取得時期をずらしてもらうことなどが可能となります。

特に、外国人労働者の場合、旧正月やクリスマスなどの行事、家族の世話などで本国に戻るため、長期の休暇申請をしてくることがあります。

この場合、原則として、有給休暇の取得を禁止できないことに十分留意し、有給休暇の付与日数以内にしてもらうようにしましょう。

有給休暇の付与日数以上の休暇については、日本人労働者と同様に、休暇が必要な事情をよく聞いた上で、会社の業務状況を説明して話し合いをしましょう。

残業・休暇の対応に注意する

■未払い残業代を発生させない

社員の労働時間をきっちりと把握し、未払いという事態を生じさせないようにする。

> **POINT**
>
> タイムカードなどで機械的に記録する。実際の労働時間と一致しているかについて定期的に調査する

■長期休暇は事前によく話し合う

原則として、有給休暇の取得は禁止できない。ただし、業務の繁忙で代替人員の都合がつかず、その日に休暇をとられると業務が停止するなど重大な事由がある場合には、取得時期をずらしてもらうことなどが可能。

> **POINT**
>
> 有給休暇の付与日数以上の休暇については、休暇が必要な事情をよく聞いた上で、会社の業務状況を説明して話し合う

8 労働保険の加入

● 原則加入

外国人労働者を雇用した場合、日本人と同様に、原則として、労働保険に加入させなければなりません。

労働保険には、労災保険、雇用保険があります。労災保険は、業務上の災害または通勤上の災害による傷病に対する補償などを目的としています。雇用保険は、離職した場合の生計維持などを目的としています。

● 労災保険

原則として、すべての事業所（農林水産業の一部等を除く）は、当然に労災保険に加入することになっています。適用事業所に雇用されて働く外国人については、事業主はすべて労災保険に加入させなければなりません。

手続きとしては、労災保険の保険関係成立届を、保険関係が成立した日から10日以内に、所轄の労働基準監督署に提出することになります。

雇用されて働く労働者であれば、国籍、職業の種類、雇用形態（正社員、アルバイト、パートなど）、雇用期間等は関係ありません。

労災保険の保険料は全額会社負担で、社員が労災保険料を負担することはありません。

なお、雇用している外国人が不法就労者であっても、業務上災害または通勤災害と認定されれば、労災保険が適用されます。

● 雇用保険

1人でも労働者を雇用する事業所（農林水産業の一部等を除く）は、業種、規模を問わず雇用保険の適用事業となります。

事業主は、1週間の所定労働時間が20時間以上で、かつ、31日以上の雇用継続の見込みのある従業員を、原則としてすべて雇用保険に加入させなければなりません。

保険料は会社と本人で負担しますが、そのうち本人負担分を給料・賞与等より控除します。

手続きとしては、雇用保険被保険者資格取得届を会社が所轄のハローワークに提出することになります。社員が入社した月の翌月10日までに提出する必要があります。

第5章 外国人雇用がスムーズにいく労務管理

[記入例] 雇用保険被保険者資格取得届

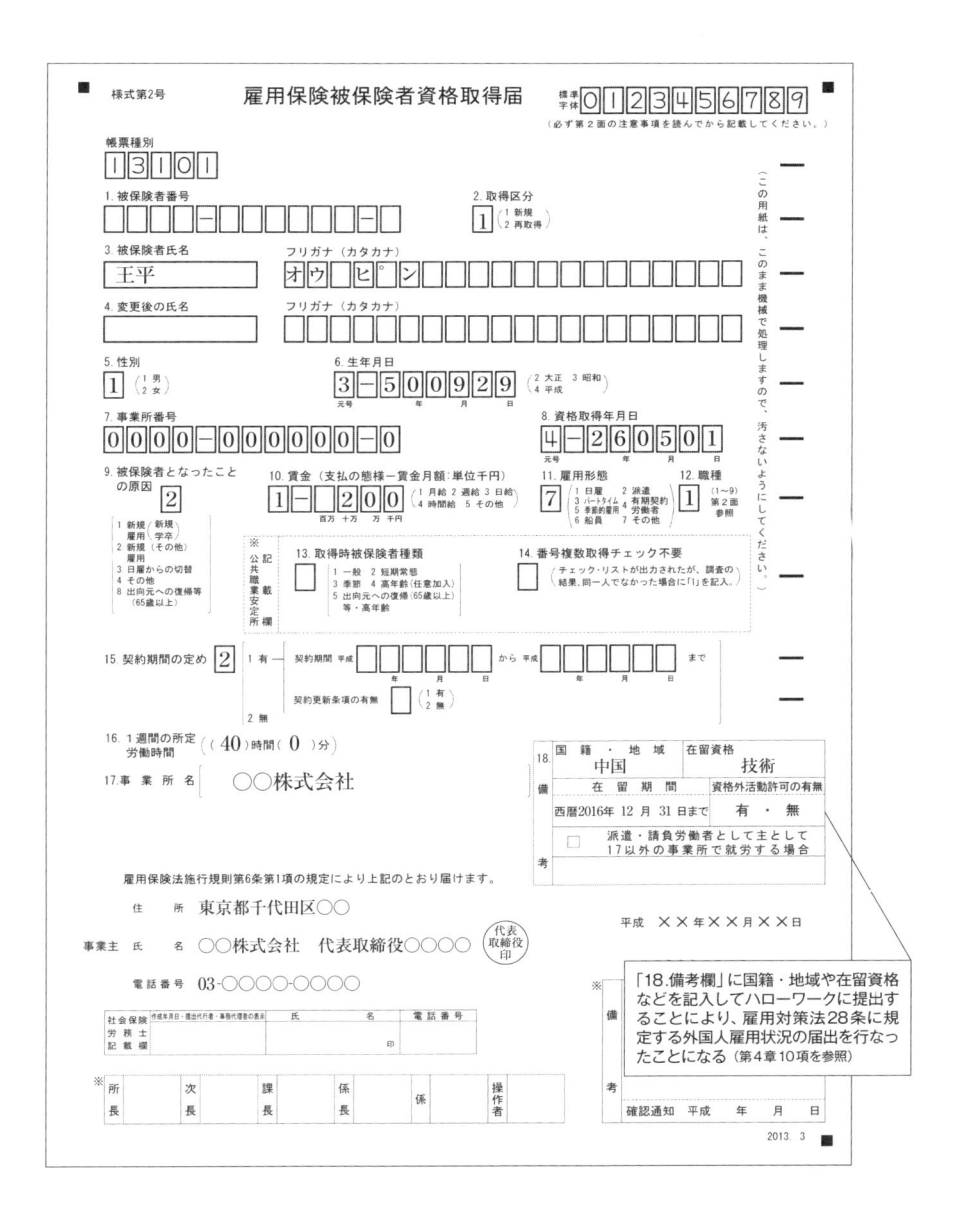

様式第2号　雇用保険被保険者資格取得届

標準字体 0 1 2 3 4 5 6 7 8 9
（必ず第2面の注意事項を読んでから記載してください。）

帳票種別 13101

1. 被保険者番号

2. 取得区分 1
　1 新規
　2 再取得

3. 被保険者氏名　王平　フリガナ（カタカナ）オウ ヒ°ン

4. 変更後の氏名　　フリガナ（カタカナ）

5. 性別 1 （1 男／2 女）

6. 生年月日 3-500929（3 大正／4 昭和／4 平成）

7. 事業所番号 0000-000000-0

8. 資格取得年月日 4-260501

9. 被保険者となったことの原因 2
　1 新規（新規雇用／学卒）
　2 新規（その他雇用）
　3 日雇からの切替
　4 その他
　8 出向元への復帰等（65歳以上）

10. 賃金（支払の態様―賃金月額：単位千円） 1-200
　（1 月給　2 週給　3 日給　4 時間給　5 その他）
　百万十万万千円

11. 雇用形態 7
　1 日雇　2 派遣　3 有期契約労働者
　4 パートタイム　5 季節的雇用　6 船員　7 その他

12. 職種 1（第2面参照）

※公共職業安定所記載欄

13. 取得時被保険者種類
　1 一般　2 短期雇特
　3 季節　4 高年齢（任意加入）
　5 高年齢への復帰（65歳以上）等・高年齢

14. 番号複数取得チェック不要
　（チェック・リストが出力されたが、調査の結果、同一人でなかった場合には「1」を記入。）

15. 契約期間の定め 2
　1 有　契約期間 平成　年　月　日 から 平成　年　月　日 まで
　契約更新条項の有無（1 有／2 無）
　2 無

16. 1週間の所定労働時間 （40）時間（0）分

17. 事業所名　○○株式会社

18. 備考
　国籍・地域　中国
　在留資格　技術
　在留期間　西暦2016年12月31日まで
　資格外活動許可の有無　有・無
　□ 派遣・請負労働者として主として17以外の事業所で就労する場合

雇用保険法施行規則第6条第1項の規定により上記のとおり届けます。

住所　東京都千代田区○○

事業主　氏名　○○株式会社　代表取締役○○○○　㊞（代表取締役印）

電話番号　03-○○○○-○○○○

平成 ××年××月××日

社会保険労務士記載欄（作成年月日・提出代行者・事務代理者の表示／氏名／電話番号／印）

※ 所長／次長／課長／係長／係／操作者

確認通知　平成　年　月　日

2013. 3

> 「18.備考欄」に国籍・地域や在留資格などを記入してハローワークに提出することにより、雇用対策法28条に規定する外国人雇用状況の届出を行なったことになる（第4章10項を参照）

9 社会保険の加入

●原則加入

外国人労働者を雇用した場合、日本人と同様に、原則として、社会保険に加入させなければなりません。

社会保険には、健康保険、介護保険、厚生年金保険等があります。そして、保険料は会社と本人で負担しますが、そのうち本人負担分を給料・賞与等より控除します。保険料を払いたくないなどの理由で加入しないことはできません。一定の要件に該当する社員であれば、本人の希望の有無にかかわらず適用されます。この点、日本人と外国人の取扱いは同じです。

なお、日本と社会保障協定を結んでいる国から来日している外国人労働者の場合は、母国で社会保障制度に加入していれば、日本の社会保険に加入する必要がない場合があります。

●加入手続き

健康保険・厚生年金保険被保険者資格取得届を会社が所轄の年金事務所に提出します。社員が入社した日から起算して5日以内に提出する必要があります。

●脱退一時金

厚生年金保険や国民年金等の被保険者であった者が被保険者資格を喪失し、日本を出国後2年以内に請求した場合に、脱退一時金を受給できます。これにより、年金の保険料の掛け捨てを防止できます。いわば、脱退一時金とは、保険料の掛け捨てを防ぐための保険料の払い戻しにあたる制度です。

受給にあたっては、以下のすべての要件に該当する必要があります。なお、脱退一時金は、日本を出国した後でなければ請求できません。

脱退一時金の支給要件

① 日本国籍を有していないこと
② 厚生年金の被保険者期間が6カ月以上あること（日本の会社等に勤めて、厚生年金保険に6カ月以上入っていたこと）
③ 日本に住所を有していないこと
④ 年金（障害手当金を含む）を受ける権利を有したことがないこと

第5章 | 外国人雇用がスムーズにいく労務管理

［記入例］健康保険・厚生年金保険 被保険者資格取得届

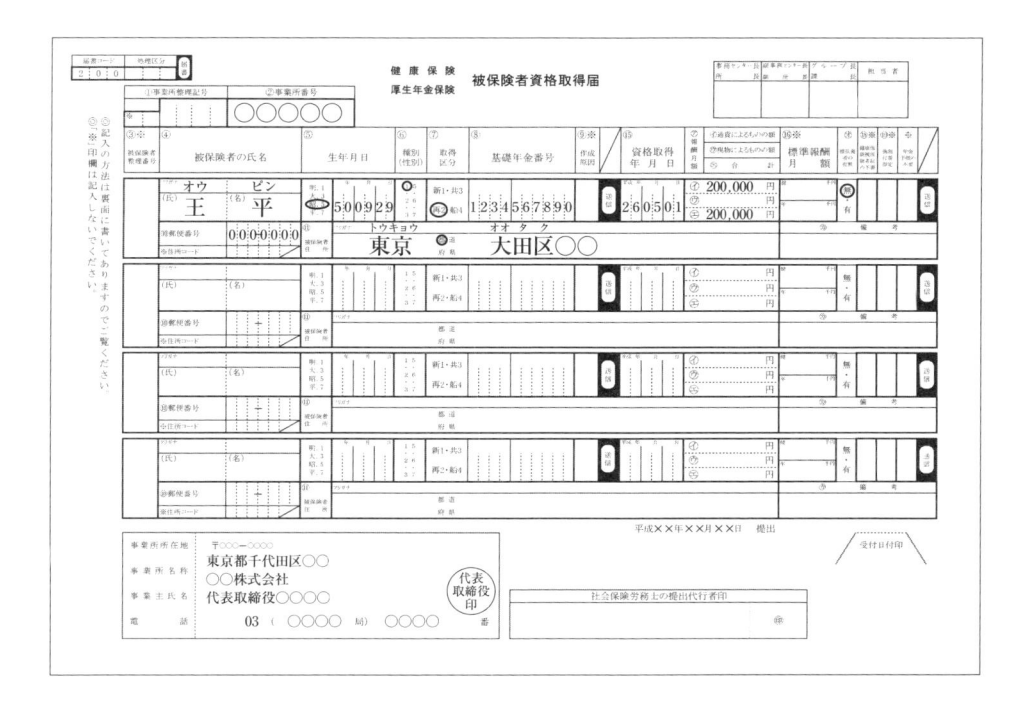

第6章

外国人労働者が定着する指導・教育

1 社内教育を行なう

●外国人労働者への日本語能力のケアは必須

雇用後は、企業が、外国人労働者を対象に、日本語の社内研修を随時行なう必要があります。

自社の業務で必要となる日本語に絞って、繰り返し教育をすると、学習効果が仕事に直接反映されるので効率がよいでしょう。

さらに、就業規則、業務マニュアル等重要な文書を、それぞれの外国人労働者の母国語（英語、中国語、ポルトガル語等）に翻訳したり、図式化されたイラスト版を掲示するなどして、意思疎通の行き違い、ミスを防ぐようにしましょう。

●日本人社員に対する教育も行なおう

外国人労働者を雇用した後、社員の間でトラブルが生じないよう、日本人社員に対して、文化や習慣の違い（仕事の価値観・優先順位、言語、宗教等）を事前に教えておくとよいでしょう。

職場ではチームとして一緒に業務を行なうことが多くなります。その際、一方的に、外国人労働者に業務内容を覚えさせようとしたり、失敗したら責めるだけではまくいきません。チームとして、お互いが理解し合って信頼関係を築き、いい仕事ができるように努力することが大切です。

●社内教育は社内の雰囲気作りにも役立つ

日本人労働者は、外国人労働者がどのような点が得意、不得意なのかを理解し、コミュニケーションを積極的にとろうとする姿勢を見せましょう。

例えば、日本人上司の指示で外国人労働者が担当した仕事が納期に遅れた場合、納期に遅れた原因をチーム全員で話し合います。外国人労働者が業務内容をわかっていないのか、それとも、わかっていても処理能力が不十分なのか、納期に遅れる前に他の社員が気づくことはできなかったのか、日本人上司の指示は適切だったのか、チームで分析・検討することが必要です。

そのためにも、日頃から国籍の区別なく社員の交流を図り、社内全体で自由に議論できる雰囲気を作っておきましょう。

外国人労働者の定着をめざした社内教育

外国人労働者が職場に溶け込める環境作り

日本語能力のサポート
- 労働契約、就業規則、業務マニュアル等の日本語と母国語の併記
- 外国人向けの業務マニュアルの作成

日本人社員に対する教育
- 文化や習慣の違いの説明
- よくあるトラブルの説明

業務改善できる体制
- 定期的な面談で問題点を把握
- 社内で原因を分析し、対策を立てて改善

POINT

外国人労働者の定着のためには、外国人労働者のみならず、日本人労働者に対する教育も必要

2 日本人と同じ感覚で指導しない

●外国人とのコミュニケーションのとり方

外国人労働者の指導は、日本語がよく通じない、ビジネス習慣や価値観が異なるなどのさまざまな理由から、うまくいかないことがよくあります。

その際に重要なのは、コミュニケーションをとろうとする姿勢です。外国人労働者の語彙が少ないと、使える表現が限られてしまい、うまく指示が伝わらないことがあります。そのようなときでも、できる限りコンタクトを多くとり、根気よく指導しましょう。

例えば、外国人労働者に業務上の指示をするときは、書面で行なうようにしましょう。社内で業務指示書、報告書のフォーマットを準備しておくと便利です。業務の内容、進め方の他、報告の方法、期限等も併せて記載しておくと認識のズレがなくなり、指示内容が明確になります。

さらに、本人と定期的に個別の面談をして、その業務の評価を必ずフィードバックしてあげましょう。外国人労働者にとって自分がした業務に対して正当な評価をし

てくれるかどうかは大きな関心事です。

面談は、外国人労働者とコミュニケーションをとる最もよい機会です。仕事、プライベートに関する相談をじっくりと聞き出し、信頼関係を築きましょう。

●指導を専属化、標準化する

外国人労働者には、その国の価値判断、行動の基準があり、それらに基づいた仕事の進め方、スピードがあります。最初は、どのような指導が効果的なのか、試行錯誤することになります。

したがって、効率的に指導するため、外国人労働者の指導方法の決定を特定の部署に専属化することをお勧めします。これにより、各現場の指導者が効果のあった指導方法、苦労した点、反省点、改善点などを報告し、情報を一元化することができます。

専属部署に集まった情報は、分析・検討して、指導方法を決め、標準化した後マニュアルにして各現場の指導者に伝えます。これを繰り返すことにより、指導方法が社内で統一され、効率的に改善されていきます。

外国人労働者の指導のポイント

■ 指導担当部署が行なうこと

・配属部署への周知（配属される外国人の職務、能力、経験、語学能力、その他留意事項（宗教による食事制限等））
・組織、職務分担表の用意
・業務マニュアルの用意
・職場での注意事項、服務上の心得等の説明書の用意

> ▶▶▶ 例
> 問 題 点：日本人上司が、外国人社員（国籍：○○）に対して、1カ月後に必要となる企画の資料作成・収集につき、その1週間前を提出期限として、指示をした。しかし、外国人社員が締め切り日に提出してきた資料が、上司が想定している内容、分量と異なったため、間に合わなかった。
> 原　　因：指示が曖昧。提出期限まで進捗状況を確認できていなかった。
> 対　　策：指示の内容を明確にするため、書面（指示書）を作成して渡す。提出期限までに、定期的に進捗状況を確認する。中間で報告書を提出させて確認する。
> 指導方法：指示書、報告書の徹底。

POINT

指導方法の決定を特定の部署に専属化し、各現場の指導者が効果のあった指導方法、苦労した点、反省点、改善点などを報告して情報を一元化する。
一元化した情報は分析・検討して、指導方法を標準化する

3 外国人労働者に婉曲表現は使わない

外国人労働者にとって、日本の職場で、日本人特有の遠回し表現（婉曲表現）を理解するのが最も難しいといわれます。

●婉曲表現の難しさ

ある食品メーカーの会社で、日本人上司が顧客との会議後、外国人の部下に「お客様に提出する企画書をなるべく早めに仕上げてください」と指示したところ、1週間経っても提出してこないので本人に確認したら、まだとりかかってすらいなかったということがありました。

「なるべく早めに」というだけでは、外国人労働者に対する指示として不適切です。いつ、誰に、どのように提出するのか明確にしなければなりません。

日本人は、はっきりいうときつい印象を与えると思い、婉曲表現を使いたがりますが、外国人労働者への仕事の指示は、できる限り直接的、具体的な表現を心がけましょう。先程の例でいえば、「企画書を何月何日の朝9時までに、A4で2枚程の書面にまとめて、私のデスクに提出してください」等と指示する必要があります。

指示する際は、なぜその業務をする必要があるのかを説明し、業務の手順、期限を明確にして伝えましょう。

●「ホウ・レン・ソウ」を説明する

日本人のビジネス習慣として、仕事の進捗状況を上司に「報告・連絡・相談」する、いわゆる「ホウ・レン・ソウ」というものがあります。日本の企業では、入社時等に教育を受けますが、外国人にとって、「ホウ・レン・ソウ」はなかなか理解しにくい、日本人の特徴的なビジネス習慣です。

外国人にとって、途中経過を逐一上司に報告することに何の意味があるのかよく理解できず、仕事のできる社員は自分1人で決断して結果を出さなくてはならないと考えていることがあります。

このため、外国人労働者が、上司の許可を得ることなく、クライアントとの間で重要な事項を決めてしまい、トラブルに発展した事案がしばしば見受けられます。指導に当たる日本人は、外国人労働者に対して、日本のビジネス習慣を理解できるよう説明しておきましょう。

直接的、具体的な表現で指示をしよう

▶▶▶ 例

✗ 「できる限り早めに企画書を提出してくれたら助かる」

○ 「2週間後に取引先に企画書を持って行くから、○月○日○時までに、△△の様式で企画書を作成して、私のデスクの上に提出してください」

▶▶▶ 例

✗ 「この間お願いした仕事、進んでる？」

○ 「○月○日に指示した△△の仕事の進捗状況を、本日午後○時に10分程度で報告してください」

▶▶▶ 例

✗ 「取引先からの回答が遅いね」

○ 「取引先に本日連絡して、回答をいつ頃もらえるか聞いてください」

POINT

指示は、直接的かつ具体的に、できる限り書面で行なおう。上司と部下の認識のズレを防いだり、仕事の範囲を明確にしてトラブルを未然に防ぐ効果がある

4 定期的に面談を行なう

●定期的な面談で個別の指導を

外国人労働者の場合、日本で働く明確な動機・目的を持っていることが多いです。また、外国人労働者は、キャリア志向が強く、自分の能力を伸ばしてより高い成長を望む者が多いといわれています。

そこで、定期的に面談をし、会社からは仕事の評価や査定を伝え、本人からはキャリアプラン、職場環境、業務体制等に関する意見を聞き出すようにしましょう。

これにより、外国人労働者の考え方を深く知ることができ、外国人雇用の改善点が明確になります。往々にして、日本人上司側の指導・教育の方法に問題があることもよくあります。

面談は、お互いが十分に話し合い、理解し合うよい機会となります。また、外国人労働者も意見をいうことによって日頃の不満も和らぐので、信頼関係を築きやすくなります。

さらに、外国人労働者は、異国の慣れない地で暮らしており、日本人上司には想定しがたい悩みや不満を抱えていることがあります。個別の面談でないとわからない問題点も多くありますので、指導方法を検証する上でも定期的な個別面談は効果的です。

●自社の理念から説明する

外国人労働者には、各々生まれ育った自国の価値観、行動の基準があり、それらを反映したその国の仕事に対する考え方、進め方があります。

「日本で働く以上、日本人の考え方、進め方に従ってやりなさい」と一方的に押しつけると、外国人にとって母国の文化を否定されたと受け取られ、トラブルの元になりますので避けましょう。

外国人労働者の言い分をよく聞き、「日本」の価値観を押しつけるのではなく、「自社」の理念から説明することがポイントです。

「日本では、このような考え方、進め方で仕事をしています」と説明するのではなく、「我が社ではこのような理念を持ち、そのためにこのような考え方、進め方で仕事をしています」と説明するとよいでしょう。

外国人労働者と話し合いの機会を持つ

■定期的な面談の機会を設ける

・評価面談（育成面談）（詳細は第5章4項）
　⇒期首、期末に実施。
・フォローアップ面談
　⇒定期的（2～3カ月ごと）に実施。

> **内容**
>
> ☑ **仕事面**　仕事の評価。目標、キャリアプラン等の聴取、助言。職場環境、業務体制に関する意見等の聴取、助言
>
> ☑ **生活面**　日本での生活・暮らしに関する不安、悩み等の聴取、助言

POINT

外国人労働者にとって、文化や習慣の異なる日本企業で勤務することは負担が大きい。コミュニケーションを積極的に図り、仕事、生活の双方をサポートしよう。
不安や悩みを気軽に相談できる相手として、上司以外の先輩等を専属の指導担当役として決めるなど、メンター制度の導入も有効

5 外国人労働者の積極的な登用を検討する

●外国人労働者の幹部候補生を育てる

外国人雇用の社内体制が整い、ある程度軌道に乗ってきたら、積極的に重要な役職に登用することを検討してもよいでしょう。例えば、本人の能力、技術を生かして、その関連部署のマネジメントを任せたりすることが考えられます。

役職登用により、優秀な外国人の能力をより発揮できますし、他の外国人労働者にとって社内で成功するモデルケースとなり、モチベーションの向上を期待できます。

●外国人労働者を管理者にするときの注意点

外国人労働者に対する指導を、管理者となる外国人に任せる場合、一見、外国人同士でうまくいきそうに思えます。しかし、監督される立場の外国人労働者にとっては、なぜ同じ国の者から命令されなければならないのかという気持ちで反発してしまい、トラブルになることが少なくありません。

したがって、外国人労働者を管理者にする際は、誰もが納得するような優秀な人材を選任しなければなりません。単にその人材が、実務能力、日本語能力において優れているというだけではなく、母国と日本の文化を調和させるぐらいの柔軟性、マネジメント能力を兼ね備えているかどうかを慎重に見極めることが重要です。

また、管理者は、日本での職場環境やビジネス習慣等を知っていて、日本人労働者とのコミュニケーションも行なえ、他の外国人労働者に日本での生活指導も行なえるようなリーダー的な存在になることが望ましいです。

●管理者選定後のサポートの必要性

外国人労働者を管理者に選任した場合、その管理者自身に対する継続的なサポートが必要になります。

管理者には、自らの専門性を高めるだけでなく、チームをまとめる統率力が要求されます。管理者としての心構えはもちろん、マネジメントのノウハウを教え込むことが大切です。

管理者として周囲の信頼を得られるまで、先輩の日本人等がその補佐役を担い、一定の期間、共同して業務を行ない、サポートするとよいでしょう。

第6章 外国人労働者が定着する指導・教育

外国人労働者の役職登用のメリットと注意点

外国人労働者の役職登用

⬇

- 優秀な外国人の能力をより発揮できる
- 他の外国人労働者にとって社内で成功するモデルケースとなる

外国人労働者を管理者にするときのチェックポイント

☑ 実務能力、日本語能力において優れている
☑ 母国と日本の文化を調和させる柔軟性を持っている
☑ マネジメント能力を兼ね備えている
☑ 日本での職場環境やビジネス習慣等をよく知っている
☑ 日本人労働者とのコミュニケーションができる
☑ 他の外国人労働者に日本での生活指導を行なえる

6 外国人労働者の国・地域別の特徴を知る

このような特徴を念頭に入れて、外国人労働者のワークライフバランス、仕事のモチベーション維持の方法を考える必要があります。

●国・地域別の特徴を学ぶ意味

外国人雇用は、本来、個々の労働者と1対1で向き合い、最も適した指導方針を考え、きめ細かな配慮を行なうことが効果的ですが、そこまでの時間と手間をかけられない場合もあります。

そこで、外国人労働者の出身国・地域ごとの特徴を頭に入れておくと役に立つでしょう。

●仕事に対する考え方

仕事に対する考え方は、生活における仕事の優先順位の違いという形で特徴が現われます。

例えば、日本は仕事を最優先させようとするのに対して、中国は家族、インドは宗教を仕事よりも優先する傾向があるといわれています。

また、働き方についても、国・地域によって異なります。例えば、日本では、同じ職場で長く働き組織に貢献することが重視されるのに対して、中国はキャリアを積み重ねて独立起業すること、インドは専門性を高めて技術を身につけることが重視されるといわれています。

●対人関係に対する考え方

対人関係に対する考え方も、国別の概要を理解しておくと、円滑なコミュニケーションに役立つでしょう。

例えば、中国人は面子を重んじる独自の文化があります。したがって、中国人社員を、他の社員の前で叱りつけてはいけません。ミスの指摘は、別室で行なうなどの配慮が必要です。

また、インド人は、多様な民族の環境で育っており、自己主張が強く、自分に対する評価、他人との取扱いの公平さには敏感であるといわれています。

したがって、人事評価の仕組みが合理的でなければならないのはもちろんのこと、その仕組みを採用している理由まで本人に説明しておくとよいでしょう。

以降で、各国の特徴と指導のコツを述べていきます。

7 中国人労働者の特徴と指導のコツ

●給与、キャリアに関する意識が強い

中国人は一般的に、給与に関する意識が強いといわれています。社内の他の社員の給与、同業他社の中国人社員の給与と比較して自分が低い場合に、会社に説明を求めたり、賃上げを要求したりすることがあります。

中国人は、給与額を他人に知られることにあまり抵抗がなく、社内の他の社員又は同業他社の中国人社員と互いに給与額につき情報交換をして把握していることがあります。

給与システムに関して、客観性、公平性のある明確な基準を設け、中国人社員に対して合理的な説明ができるようにしておくことが大切です。

さらに、給与から天引きされる税金、社会保険料等についても、中国人にはよく理解できずにトラブルになることがあるので、事前に日本の社会保険制度や税制度を説明しておきましょう。

また、一般的に、中国人は、キャリアを高めることに大変関心が高いようです。中国人は能力があれば、年齢に関係なく相応のポジションに就きたいと考える傾向があります。

有能な人材を集められるよう、同業他社に見劣りしない給与水準を確保し、日本人と同様に昇進に限界を設けず、明確でわかりやすい人事制度を採用するとよいでしょう。

●面子に配慮した指導

中国人は面子を重んじる独自の文化があります。よって、中国人社員に対しては、他の社員の前で叱ることは避けましょう。

特に、注意する中国人社員が管理職であるのなら、中国人管理職の部下に対する権威を傷つけて面子を潰してしまうことになります。

仕事でミスがあった場合には、他の社員のいない別室で、1対1で指導するようにしましょう。また、指導の際には、何が問題なのか（問題点）、どのようにすればいいのか（改善方法）を本人が理解できるように具体的に説明しましょう。

8 ブラジル人労働者の特徴と指導のコツ

●日系ブラジル人による製造業での就労

在日ブラジル人は、日本で働く外国人のうち、中国人に次いで2番目に多いです。

在日ブラジル人の多くは日系ブラジル人で、その大半が製造業現場で就労しています。地域的には、トヨタ、ホンダ、スズキ、ヤマハ等の自動車産業が集中している愛知県から静岡県の東海地方の一帯に多くいます。

日系ブラジル人は、日本人との血の繋がりを理由に特別な在留資格を有している者が多く、就労に制約がないため、多くは製造業現場における単純労働等に従事しています。

なお、近年では、日本で進む高齢化社会に備えて、介護職に就労する者も増えています。

●教育システムの構築がカギ

ブラジル人社員は一般的に、出稼ぎ労働者も含めて最も重視するのは賃金です。ブラジル人社員は、離職率が高く、平均勤続期間も短いといわれています。

日本の企業の多くは、景況変動や季節の繁閑に対応するための労働力として、いわば雇用調整の容易な労働力としてブラジル人社員を雇用していると考えられます。

しかし、会社の経営を考えれば、ブラジル人社員に技術を教えて将来を担う戦力として教育していく必要があります。

例えば、長期間、滞在しているブラジル社員でも日本語能力があまりない人が多くいます。日本語ができないとコミュニケーションがとりづらく、仕事の効率がよくなりません。ブラジル人社員向けに、日本語能力のサポートの定期的な勉強会を社内で開催して、日本語学習のサポートをしましょう。まずは業務で頻繁に使用するものに絞って、反復して練習するとよいでしょう。

その他、業務マニュアルなど頻繁に使用する重要文書を、母国語に翻訳したりすることで、日本語能力が十分でない外国人労働者にも理解しやすいようサポートしましょう。業務内容を正確に理解できるように、社内で組織的な教育をすることが不可欠です。

作業場に掲示したりすることで、ひと目でわかるイラスト版を

9 ベトナム人労働者の特徴と指導のコツ

●真面目で学習能力が高い

日本で働くベトナム人は、近年大幅に増加しています。ベトナム人は一般的に、真面目で学習能力が高く、向上心が旺盛だといわれています。

よって、環境に適応する柔軟性やポテンシャルは十分あると考えられますが、海外の文化との接触が比較的少ないので、職種の情報やキャリアの形成等についての意識やビジョンはまだ希薄です。また、仕事より家族、会社という集団よりも個人を重視し、血縁、地縁、地域コミュニティを大切にする傾向があります。

そこで、例えば、製造業の採用においては工場労働の経験がない労働者も多いため、まず仕事に対する考え方や意識等から教育する必要があります。

そして、定期的に面談する機会を設け、キャリアプラン、職場環境、業務体制等に関する意見を聞き、主体性を持って仕事に取り組めるよう働きかけていきましょう。

●技術と日本語の教育が肝

ベトナム人社員は、専門的技術を有している者、日本語ができる者の採用はまだ少ないと思われます。よって、入社後の技術の向上と日本語の教育が重要になります。会社として、採用後、日本語や日本文化を教えるような環境や機会を作りましょう。ベトナム人社員向けに、日本語学習の定期的な勉強会を社内で開催して、日本語能力のサポートをしましょう。

また、ベトナム人労働者とのコミュニケーションにおいては、言語の問題だけでなく、意図がしっかりと伝わっているかどうかが問題になるケースも少なくありませんので、個別に意図が伝わっているのかを確認することも大切です。

ベトナム人は一般的に、個の意識が強く、プライドが高いといわれているので、「ホウ・レン・ソウ」が苦手だったり、自己の勝手な解釈で仕事を進めてトラブルになることもあります。

仕事を進める上で認識のズレや誤解が生じないよう、重要な指示等は、文書で正確かつ明確に行なうようにしましょう。

10 インド人労働者の特徴と指導のコツ

●英語ができて技術職に強い

インド人社員は、IT技術などに代表されるように、専門性を高めて技術を身につけることを重視するといわれています。職人的に極めていくという、スペシャリスト型です。

実際、インド人は、理数系の強さを活かして技術職に就く者が多いです。また、英語が堪能ですし、欧米の情報に触れていますので、欧米文化に対する抵抗感は比較的少ないです。

●技術を高められる職場環境

インド人社員は、プロ志向で専門性を高めることを重視しますので、それに見合う職場環境を整備することが大切です。

職場内での教育・訓練システム等のカリキュラムを整備し、会社に居たらどのような技術を身につけられるかがわかるようにしましょう。

また、技術を高めることで給与、ポジション等の待遇にどのように反映されるかを明確にしましょう。

一般的に、インド人社員は、広大な国土と多様な民族の環境で育っており、自己主張が強く、自分に対する評価、他人との取扱いの公平さには敏感であるといわれています。

よって、公平性、客観性のある評価制度は重要です し、インド人社員の主張に対して常に合理的ではっきりとした説明等の対応が、会社としてできるように準備しておきましょう。

●宗教上の配慮

また、インド人は、国民の多くがヒンズー教徒であり、イスラム教徒もいます。

宗教上の理由で食べられないものがあったり、お祈り等の時間が必要であったりしますので、寄宿舎の食事内容に気をつける、人数が多い場合にはお祈りの部屋を用意するなど、宗教上の配慮が必要になります。

宗教の考え方、生活習慣について、日本人にとってなじみが薄いものもあるため、事前に学習し、日本人社員に周知しておくとよいでしょう。

第7章

外国人労働者の退職・解雇

1 外国人労働者が退職する場合の手続きと注意点

●退職を申し出てきたら

外国人労働者が突然、退職を申し出てきたら、どう対応すればよいのでしょうか。

退職は労働者の自由であり、民法では、雇用期間の定めのない場合は、いつでも解約の申入れをすることができ、解約の申入れの日から2週間を経過することによって終了するとされています（民法第627条）。したがって、外国人労働者からの退職の申入れは2週間前までにすればよいということになります。

もっとも、会社としても業務の引き継ぎ等の時間を確保するため、就業規則で「退職は1カ月以上前に申し出をしなければならない」等の規定をおくことが多いでしょう。

この規定の有効性については争いのあるところですが、実務上は、退職の申入れがあった際、この規定を根拠に外国人労働者と協議して、退職日を決めています。

日本の法律上、少なくとも2週間は勤務する必要があることを伝えて話し合い、早めに後任者を選任して業務の引き継ぎをするようにしましょう。

●退職の際の社内手続き

外国人労働者から退職を申し出てきた場合は、後にトラブルとならないよう退職願・退職届を書面で提出してもらいましょう（退職届の例は付録9）。

退職願・退職届を受け取ったら、退職日を待って労働保険や社会保険の資格喪失処理を行ないます。ハローワークには、外国人労働者の退職の届出を行ないます。

その他、会社からの貸与物（制服、鍵、パソコン等）があれば、返却してもらうことを忘れないようにしてください。

●外国人労働者が転職した場合

転職の場合は、外国人が入国管理局に対し、就労資格証明書交付申請や在留期間更新許可申請等において、源泉徴収票や退職証明書を添付書類として提出する場合があります。

外国人労働者の転職を妨害したといわれないよう、これらの書類は退職後、速やかに発行しましょう。

第 7 章 | 外国人労働者の退職・解雇

外国人労働者の退職の手続き

退職申入れ

⬇ （雇用期間の定めのない場合）
最低2週間

終了

退職の際の社内手続き

- ☑ 退職願・退職届を書面で提出してもらう
- ☑ 労働保険や社会保険の資格喪失処理
- ☑ ハローワークに外国人労働者の退職の届出
- ☑ 源泉徴収票や退職証明書を発行
- ☑ 会社からの貸与物（制服、鍵、パソコン等）があれば、返却してもらう

POINT

法律上、少なくとも2週間は勤務する必要があることを伝え、早めに後任者を選任して業務の引き継ぎをしよう

2 解雇は慎重な対応を

●解雇までのプロセスが重要

近年、能力不足や勤務態度がよくない問題社員を解雇し、紛争に発展するケースが増えています。しかし、社員の解雇はトラブルになることが多いので、慎重に行なう必要があります。

解雇が有効か否かは、そこに至るまでのプロセスが決め手となります。解雇が有効となるためには、教育・指導や退職勧奨など、会社として解雇の前にやるべきことを尽くしておかなければなりません。

問題社員には、実現可能な目標・改善項目を具体的に設定し、その達成度合いを定期的に検証するなど、適切な教育・指導をした上で、能力向上のチャンスを与える必要があります。

それでもダメなときは配置転換、業務異動を試みるなど、解雇を回避して雇用を維持するため、できる限りの手段を講じておくことが大切です。

●解雇には厳しい制約がある

解雇は、社員の生活基盤を失わせることになりますので、労働者保護の観点から厳しい制約があります。

例えば、解雇をする場合は、少なくとも30日前に予告をしなければなりません。それをしない場合には、30日分以上の平均賃金を支払う必要があります。

また、解雇は、法律上、客観的に合理的な理由があり、かつ社会通念上相当であると認められない限り、無効となります。

労働関係法令は、原則として外国人にも適用されます。したがって、外国人であることを理由にすぐ解雇できることにはなりませんので、注意してください。外国人労働者を解雇する際は、日本人と同様、解雇の前にやるべきことを尽くし、慎重に対応することが必要です。

なお、外国人を雇用する事業主は、事業縮小等を行なうときは外国人労働者を安易に解雇しないようにします。やむを得ず解雇する場合は、その外国人労働者の在留資格に応じた再就職ができるよう援助に努めなければならないとされています（平成19年厚生労働省告示第276号）。

第 7 章 外国人労働者の退職・解雇

外国人労働者の解雇の手続き

能力不足や問題のある社員

↓

教育・指導
配置転換・業務異動
退職勧奨

↓ それでもやむを得ない場合

解雇予告

■ **手続き上の制約**
少なくとも30日前に予告(それをしない場合には、30日分以上の平均賃金を支払う)

■ **実体上の制約**
客観的に合理的な理由があり、かつ社会通念上相当であると認められない限り、無効　など

↓

解雇

POINT

外国人労働者を解雇するのは最後の手段。慎重に対応しよう

133

3 解雇の種類、要件を理解する

●解雇の種類

解雇は、解雇する理由によって大きく3種類(普通解雇、懲戒解雇、整理解雇)に分けることができます。

① 普通解雇

普通解雇とは、就業規則等の解雇事由に基づく会社からの一方的な労働契約の解除のことをいいます。単に解雇という場合も多いです。

例えば、勤務成績が悪く改善の余地がない、健康上の理由で職場復帰が長期間見込めない、協調性を著しく欠くなど、労働契約を継続していくことが困難な場合等が考えられます。

② 懲戒解雇

懲戒解雇とは、労働者が職務規律に著しく重大な違反をした場合や、著しい非行があった場合の懲罰として行なわれる解雇のことをいいます。

例えば、横領、傷害など刑法上の犯罪をした、風紀を乱して他の労働者に重大な悪影響を与えた場合等が考えられます。

同種の非違行為に対しては、懲戒処分は同等である必要があり(平等扱いの原則)、懲戒処分は、非違行為の程度に照らして相当なものである必要があります(相当性の原則)。

③ 整理解雇

整理解雇とは、会社経営の悪化等の理由により人員削減が必要な場合に行なわれる解雇のことをいいます。

整理解雇は原則として、①人員削減の必要性、②解雇回避努力、③人選の合理性、④労働者に対する説明協議、4つの要件を満たすことが必要です(詳しくは左ページ)。

●解雇の規制

解雇が正当と認められるためには、あらかじめ就業規則等で解雇ができる場合(解雇の事由)を明確に定めておく必要があります(付録10参照)。

また、解雇は、客観的に合理的な理由を欠き、社会通念上相当であると認められない場合は無効となります。

その他、業務上の負傷で休業しているときなど、解雇できない場合が法令で定められています。

解雇の種類、要件を理解する

■ 法令上の規制

解雇が 制限される場合	・業務上の負傷・疾病による休業期間、その後の30日間 ・産前産後の休業期間、その後の30日間 ・その他、以下の場合は解雇できない 　・国籍・信条・社会的身分を理由とする解雇 　・結婚・妊娠・出産したことなどを理由とする解雇 　・労働者が労働組合の組合員であること、組合に加入しようとしたことなどを理由とする解雇　など
解雇が無効になる場合（解雇権濫用）	解雇は、客観的に合理的な理由を欠き、社会通念上相当であると認められない場合は、その権利を濫用したものとして無効（労働契約法第16条）

■ 整理解雇の4要件

① 人員削減の必要性
企業が客観的に高度の経営危機にあり、解雇による人員削減が必要やむを得ないこと

② 解雇回避努力
解雇を回避するために具体的な措置を講ずる努力が十分になされたこと

③ 人選の合理性
解雇の基準及びその適用（被解雇者の選定）が合理的であること

④ 労働者に対する説明協議
人員整理の必要性と内容について労働者に対し、誠実に説明を行ない、かつ十分に協議して納得を得るよう努力を尽くしたこと

4 解雇の手続き

●解雇予告と解雇予告手当

労働者を解雇しようとする場合、少なくとも30日以上前にその予告をするか、またはこれに代えて30日以上の解雇予告手当（平均賃金）を支払わなければなりません。

この点、例えば、予告を20日前にするとしたら、残り10日分の解雇予告手当の支払をすればよいことになりますので、予告手当を支払うことにより予告日数を短縮することができます。

後日のトラブルを防止するため、解雇通知は外国人労働者の母国語を併記した書面によって行なうようにしましょう。

●解雇予告が不要な場合・解雇予告除外認定

以下の場合には、解雇予告も、解雇予告手当の支払いも必要ありません。

① 天災地変その他やむを得ない事由のために事業の継続が不可能となった場合
② 労働者の責めに帰すべき事由により解雇する場合
（職場での横領、重大な経歴詐称、無断欠勤、出勤不良等で度重なる注意を受けた等）

①、②ともに労働基準監督署長の認定（解雇予告除外認定）が必要です。

●解雇予告の適用除外

以下のような臨時的に雇用する労働者の場合は、解雇予告の適用が除外されます。

・日々雇い入れられる者（1カ月を超えて引き続き雇用された場合を除く）
・2カ月以内の期間を定めて使用される者（当初の契約期間を超えて継続雇用された場合を除く）
・季節的業務に4カ月以内の期間を定めて雇用された場合（当初の契約期間を超えて継続雇用された場合を除く）
・試用期間中の者（14日を超えて雇用された者を除く）

解雇通知書（例）

解雇通知書
Dismissal Notification

TO:_____

当社は，就業規則第●条の規定により、_____年_____月_____日をもって、貴殿を解雇致します。つきましては，労働基準法第20条第1項の定めにより、解雇予告手当として平均賃金の_____日分をお支払い致します。

The company dismisses you according to work rule, Article ● on _____Therefore, the company pays the allowance for a dismissal notice (_____days amount of average day-wage) according to Article 20 Clause 1, Labor Standards Law.

Date_____

住　所

氏　名　　　　　　　　　　　印

5 解雇までの注意・指導は相当期間行なう

●成績が悪い社員への対応

特に目立った問題を起こすわけではないけれども、仕事ができない社員の処遇に困ることは多いのではないでしょうか。この点、本章2項で述べた通り、解雇には、法律上、客観的に合理的な理由があり、かつ社会通念上相当であると認められない限り、無効となります。

解雇が有効となるためには、会社として解雇の前にやるべきことを尽くしておかなければなりません。単に、仕事ができない、成績が悪いという理由のみでは、解雇は認められません。そこで、このような社員を解雇するまでに必要なプロセスをご説明します。

① 注意・指導を相当期間行なう

問題社員に対しては、会社として注意・指導を行ない、能力アップを図ろうといろいろ手段を尽くしたけれどもダメだったというプロセスが必要です。すなわち、能力が向上しなかった理由は会社が問題社員を放って置いたからではないこと、他の社員と同様に適切な注意・指導を行ない、能力アップの機会を与えたといえることが重要です。

また、注意・指導は相当程度、長い期間にわたって行なったことが必要です。短い期間では指導の効果が上がっているかどうか判断できないからです。

さらに、注意・指導は、できる限り具体的に、本人が理解できるように行なわなければなりません。

② 注意・指導を行なった証拠を残す

後に解雇の有効性が争われて裁判になった場合、注意・指導を行なった証拠の有無は裁判の結果に大きく影響します。証拠がなければ、会社が注意・指導を行なったという事実を裁判で認めてもらうことができません。

実施した注意・指導については、社員に対し、必ず文書を交付するようにしましょう。

例えば、社員の問題点を指摘し、その改善方法を具体的に記載した指導文書を作成し、社員との面接等で説明して渡すなどの方法がよいでしょう。

また、社内では、指導記録票を作成して、指導したことを文書で残しておきましょう。

138

第7章 外国人労働者の退職・解雇

指導記録票(例)

平成　年　月　日
記録者　　　　　印

指　導　記　録　票

対象者の氏名、所属部署	氏名： 所属：
指導日時・場所	平成　年　月　日　時　分頃
対象となる行為の具体的態様	
業務に与えた影響、程度	
指導者の氏名、所属	氏名： 所属：
指導の具体的内容（回数・期間、原因分析、改善方法、目標設定等）	
指導書、注意書、始末書等の交付の有無及び内容	
指導に対する対象者の応答	
備考	

平成　年　月　日
確認者　　　　　　　　印

6 退職勧奨を行なう

●解雇の前に退職勧奨を

会社が実現可能な目標を設定し、その目標達成のために必要な注意・指導を相当期間実施したにもかかわらず、改善されなかった場合には、次の手段を考えることになります。

まず、本章2項で述べた通り、解雇の前には配置転換、業務異動等により、部署や業務内容を変えることで会社に残すことができないか検討します。

それでもダメな場合は、会社を辞めてもらうことになりますが、解雇の前に必ず退職勧奨をしましょう。解雇によるトラブルを避けるため、会社から退職勧奨を行ない、社員に自主的に円満に退職してもらうよう努力することが大切です。

●退職勧奨のポイント

会社が退職勧奨を行なうと、辞めてもらう社員に対し最終的にはお金（解決金）をいくら支払うのかという問題になります。

会社の側から解決金の額を提示することになりますが、これは対等なビジネスの交渉と同様で、会社と社員の双方が同意しないとまとまりません。

会社としては社員が会社に残るよりも辞めたほうがいいと思えるような条件を提示する必要があります。

会社側の事情による退職勧奨の場合は、給料の3〜6カ月分くらい、社員側に問題がある退職勧奨の場合は1〜3カ月分くらいでまとまっている事例が多いようです。その他、退職金の割増し、再就職の支援等を併せて提示することもあります。

一度提示した条件は後で引き下げることが困難ですので、法外な金額を要求してくる社員とは早々に交渉をやめて、配置転換等の別の手段を検討したほうがよいでしょう。

この点、退職勧奨に応じるか否かはあくまで社員の任意の意思によりますので、威圧的な言動を用いたり、社員が拒絶しているのに繰り返し長時間にわたり退職を持ちかけると、退職を強要したとみなされますので注意が必要です。

解雇するまでに、退職勧奨を行なう

■ 配置転換・業務異動を検討する
部署を変えたり、業務内容を変えることで、会社に残すことができないか検討する。

■ 解雇の前に退職勧奨を
解雇の前に退職勧奨を行ない、社員に自主的に円満に退職してもらうよう努力する。

■ 退職勧奨のコツ
円満解決にはある程度のお金がかかる。対等なビジネスの交渉と同じ。
⇒社員が会社に残るよりも辞めたほうがいいと思えるような条件を提示する。

- 解決金の提示
- 退職金の割増し
- 再就職の支援　　など

POINT
- 繰り返し長時間行なうなど、執拗な退職勧奨をしない
- 退職を強要したととられないよう、退職勧奨時の言動に注意する
- 退職の意思表示がなされた場合は退職届を提出してもらう

7 契約社員の契約期間中の解雇

●有期労働契約の問題点

期間の定めのある労働契約（有期労働契約）については、使用者側、労働者側からニーズがあり、現在多くの労働者が契約社員やパートタイム労働者など有期労働契約の雇用形態で働いています。

しかし、契約期間の途中の解雇や繰り返し更新されてきた契約が突然雇止め（詳しくは本章8項）されるなど、労働契約の終了時のトラブルが多く見受けられます。

●契約期間中は原則として解雇できない

使用者は、契約期間中は、契約社員・パートタイム労働者を原則として解雇することはできません（労働契約法第17条第1項）。契約した以上、一方的に契約を解除することはできないと考えられています。

もっとも、どのような場合でも解雇できないとすることは、雇用関係の実態に沿わないため、「やむを得ない事由がある場合」に限って解雇が認められています。

●解雇ができる場合

では、「やむを得ない事由」とは、どのような場合を

いうのでしょうか。

契約の期間については、労働者と使用者の合意によって決定されるもので、原則として遵守されるべきものなので、「やむを得ない事由」があるかないかは厳格に判断されます。

期間の定めのない労働契約における解雇に必要とされる「客観的に合理的で、社会通念上相当と認められる事由」よりも厳格に判断され、一般的には、期間満了を待つことなく直ちに雇用を終了せざるを得ないような特別の重大な事由がある場合をいうと解されます。

この点、即時解雇に関する労働基準法第20条の

① 天災地変その他やむを得ない事由のために事業の継続が不可能となった場合
② 労働者の責めに帰すべき事由に基づく場合

に該当するか否かが参考とされることがあります。

有期労働契約の問題点

- 契約期間中の解雇
- 雇止め

契約社員の契約期間中の解雇

■契約期間中は原則として解雇できない

⇒「やむを得ない事由がある場合」に限って解雇が認められる。
通常の解雇事由より厳格に判断され、期間満了を待つことなく直ちに雇用を終了せざるを得ないような特別の重大な事由がある場合をいう。

8 契約社員の雇止め

●雇止めとは

雇止め（契約更新拒否）とは、使用者が、契約社員やパートタイム労働者（契約期間の定められている者）について、数回、契約更新を繰り返した後で、契約更新を拒否することをいいます。

有期雇用契約は、雇用期間を定めた契約であり、期間が満了すれば終了するのが原則です。

しかし、複数回にわたって更新が繰り返され、雇用期間も長期に及んでいるときは、実質的に期間の定めがない雇用契約と変わらず、労働者も更新されるとの期待を抱くでしょう。

また、有期雇用契約が、解雇を例外的にしか認めない制度の抜け穴的に利用されることも少なくなく、無制約に雇止めを認めることは、有期雇用労働者の生活を著しく不安定なものにする可能性があります。

そこで、雇止めも、一定の場合は解雇と同様に扱い、不合理な雇止めは無効となる場合があると考えられています。

●労働契約法の改正

有期労働契約の反復更新の下で生じる雇止めに対する不安を解消し、働き方が安心して働き続けることができるよう、労働契約法が改正され（平成24年8月公布）、有期労働契約のルールが整備されました。

改正労働契約法のポイントは、以下の3つです。

① 無期労働契約への転換

有期労働契約が繰り返し更新されて通算5年を超えたときは、労働者の申込みにより、期間の定めのない労働契約（無期労働契約）に転換できます。

② 「雇止め法理」の法定化

最高裁判例で確立した「雇止め法理」が、そのままの内容で法律に規定されました。一定の場合には、使用者による雇止めが認められません。

③ 不合理な労働条件の禁止

有期契約労働者と無期契約労働者との間で、期間の定めのあることによる不合理な労働条件の相違を設けることを禁止しています。

第7章 外国人労働者の退職・解雇

雇止めとは

雇止め ＝使用者が、契約社員やパートタイム労働者（契約期間の定められている者）について、数回、契約更新を繰り返した後で、契約更新を拒否すること

⇒ 不合理な雇止めは無効

労働契約法の改正のポイント

❶ 無期労働契約への転換（労働契約法第18条）

有期労働契約が繰り返し更新されて通算5年を超えたときは、労働者の申込みにより、期間の定めのない労働契約（無期労働契約）に転換できることになります。

（施行期日　平成25年4月1日）

❷ 「雇止め法理」の法定化（労働契約法第19条）

最高裁判例で確立した「雇止め法理」が、そのままの内容で法律に規定されました。
一定の場合には、使用者による雇止めが認められないことになります。

（施行期日　平成24年8月10日）

❸ 不合理な労働条件の禁止（労働契約法第20条）

有期契約労働者と無期契約労働者との間で、期間の定めのあることによる不合理な労働条件の相違を設けることを禁止しています。

（施行期日　平成25年4月1日）

第8章

よくある外国人雇用のトラブルQ&A

1 トラブルは未然に防ごう

●よくあるトラブルを事前に知っておくこと

外国人雇用は、最初はトラブルが続きます。日本人労働者では想定できないような外国人労働者の言動等に戸惑うことも多いでしょう。

もっとも、文化や習慣の違いから来るトラブルの種類は、ある程度決まっており、類型化できます。よくあるトラブルを事前に知り、対策をしておきましょう。

●外国人雇用でよくあるトラブル

外国人雇用においてよくあるトラブルは、大きく3種類に分かれます。

① 入管手続き上のトラブル

不法就労の外国人を雇用してしまう、在留資格の更新を失念してしまうなどの事例が考えられます。

この種のトラブルは、会社側の入管手続きの理解不足が原因となっていることがほとんどです。会社が、専門家の助言を得ながら入管手続きを理解すること、特に、在留資格の仕組みを知っておくことが大切です。

② 業務遂行上のトラブル

意思疎通の行き違いによる仕事のミス、他の従業員との衝突などの事例が考えられます。不十分なコミュニケーション、ビジネス習慣や価値観の違い等が原因となることが多いです。

会社が、外国人労働者のコミュニケーションを助ける研修や親睦行事を行なったり、日本人労働者に外国人労働者の価値観を伝える教育をしたりするなど、従業員同士が上手く調和するような仕組みを導入しましょう。

契約意識の高い外国人労働者のために、詳細な条件を労働契約でしっかりと規定しておくことも重要です。

③ 私生活上のトラブル

外国人労働者は、賃貸住宅の利用方法（ゴミ出し、騒音）等の近隣問題、家庭問題など、私生活上のトラブルを抱えることがよくあります。日本での暮らし方について採用の段階から丁寧に説明し、雇用後も定期的な個別の面談で不安や悩みを聞き出すようにしましょう。

また、従業員の家族間の交流を深めるなど、日本人従業員家族でサポートをしてあげることも有効です。

よくあるトラブルを知り、未然に防ごう

■入管手続き上のトラブル

原因 入管法、入管手続きの理解不足等

対策 専門家の助言を得ながら入管法、入管手続きを理解する

> 例）・在留資格の変更・更新が不許可となった
> 　　・在留資格の変更・更新を失念した
> 　　・雇用した外国人が不法就労であることがわかった

■業務遂行上のトラブル

原因 不十分なコミュニケーション、ビジネス習慣や価値観の違い　など

対策 日本人労働者の助力を得る仕組みの導入、コミュニケーションを助ける研修や親睦行事の開催、社内規則の周知・徹底

> 例）・指示が伝わらない
> 　　・突然、長期の休暇を申請してきた
> 　　・給与に関する不平・不満をいってきた

■私生活上のトラブル

原因 生活習慣の違い　など

対策 雇用後の定期的な個別面談の実施、日本人労働者によるサポート

> 例）・家の借り方がわからない
> 　　・どこの病院に行けばいいのかわからない
> 　　・妻と離婚した

■その他

退職・解雇に関するトラブル　など

2 採用決定後に、在留資格の申請が不許可になったら？

●就労可能な在留資格がないと雇用できない

外国人を雇用するためには、当該外国人が就労可能な在留資格を取得または更新していなければなりません。

外国人を日本に呼び寄せる場合には在留資格認定証明書の取得申請を行ない、既に日本にいる外国人を雇用する場合には在留資格の変更許可申請や就労資格証明書の交付申請等を行ないます。

採用決定後に、在留資格の申請が不許可となった場合には、当該外国人が就労可能な在留資格を取得できないことになり、労働契約が成立しているが就労できない事態となります。

このような際には、労働契約がいったん成立していますので、労働関係法令に従い、必要に応じて解雇手続をとります。在留資格の申請が不許可となった場合は、労働契約を継続し難いやむを得ない事由があると認められますので、解雇は可能と考えられます。

手続きをより簡潔にするため、労働契約を定める際、就労可能な在留資格の取得を条件とし、取得ができない場合には無効・取消し、または解除とするなどの規定を明記しておきましょう。

●再申請するとき

在留資格の申請が不許可になった場合でも、当該外国人を雇用したい場合はどうしたらいいでしょうか。

不許可の理由を確認し、再申請することになります。

この場合、入国管理局に不許可の理由を確認し、不許可につながる状況を改善した上で再申請することが必要です。不許可になった理由を改善しないと、再申請をしても同じ結果となってしまいます。

例えば、不許可の理由は、留学生の場合は学業成績がよくない、会社での業務遂行に必要な在留資格の要件を満たしていないなどが考えられます。

そこで、これらの状況につき補完する主張や証拠を準備してから、再申請するようにしましょう。

もっとも、再申請になると時間と手間がかかり、計画の見直しなどが必要になりますので、最初から不許可にならない申請をすることが大切です。

在留資格の申請が不許可になったら

■ 再申請するとき
⇒不許可の理由を確認し、不許可につながる状況を改善した上で再申請する。

■ 不許可にならないためのポイント
①入社後の業務が在留資格の対象となる内容であること

> 例）
> 在留資格「人文知識・国際業務」の対象となる通訳の業務に就く
> 在留資格「技能」の対象となる外国料理のコックの業務に就く

②入社後の業務と経歴（学歴・職歴）に関連性があること
⇒経歴と仕事が結びついていること。大学で学んだ知識や過去の就労経験を仕事に活かせること。

③会社の安定性・継続性
⇒就労先から給与支払を継続的に受けられること。

POINT

採用決定後に、在留資格の申請が不許可となった場合には、労働契約が成立しているが就労できない状態。労働契約の条件を定める際、就労可能な在留資格の取得を条件とし、取得ができない場合には無効・取消し、または解除とするなどの取り決めをしておこう

3 再入国許可をとらずに出国してしまったら？

●再入国許可制度の改正

以前は、日本を出国する前に、再入国許可申請の手続きをしておかないと、再入国の際にビザを再取得しなければなりませんでした。

しかし、この度、法改正（平成24年7月9日施行）により、みなし再入国許可制度が導入され、以下のように再入国の手続きが簡略化されました。

有効なパスポート及び在留カード（特別永住者については特別永住者証明書）を所持する外国人で、出国の日から1年（特別永住者は2年）以内に再入国する場合には、原則として再入国許可を受ける必要はなくなりました。

ただし、在留期間の満了日が出国の日から1年を経過する前に到来する場合には、在留期間の満了日までとなります。

なお、例外的に再入国の許可を要する者については、①在留資格取消手続き中の者、②出国確認の留保対象者、③収容令書の発付を受けている者、④難民認定申請中の「特定活動」の在留資格をもって在留する者、⑤日本国の利益または公安を害するおそれがあることその他の出入国の公正な管理のため再入国の許可を要するとその他の出入国の公正な管理のため再入国の許可を要するとその他の出入国の公正な管理のため法務大臣が認定する者が法務省令で定められています。

また、1年（特別永住者は2年）の期間を超えて再入国する予定の方は、従来通り再入国許可が必要です。

●再入国許可をとらずに出国してしまったら

再入国許可が必要な者が、再入国許可をとらないまま出国してしまうと（出国後みなし再入国許可の期間に再入国しない場合も含む）、日本に再入国するためには原則として在留資格をとり直さなければなりません。

在留資格認定証明書の交付申請からやり直すため、再入国するまでに時間がかかってしまいます。外国人労働者の出国の際には、再入国許可の取得の要否を確認し、必要な場合には手続きを忘れないよう注意しておきましょう。

再入国許可制度

■ 有効なパスポート及び在留カード
（特別永住者は特別永住者証明書）を
所持する場合

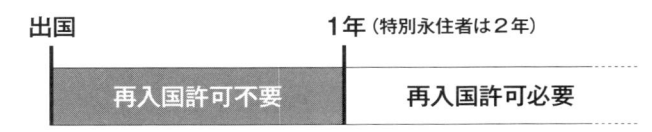

出国　　　　　　　　　　　1年（特別永住者は2年）

| 再入国許可不要 | 再入国許可必要 |

■ （在留期間の満了日が
出国の日から1年未満の場合）

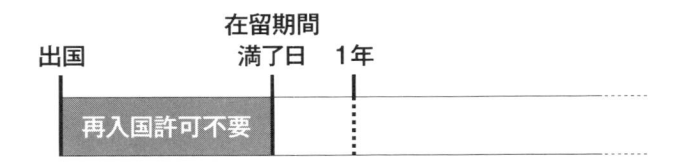

　　　　　　在留期間
出国　　　　満了日　1年

| 再入国許可不要 | | |

POINT

再入国許可が必要な者が、再入国許可をとらないまま出国してしまうと、日本に再入国するためには原則として在留資格をとり直さなければならない。

外国人労働者が出国の際には、再入国許可の取得の要否を確認し、必要な場合には手続きを忘れないよう注意しておこう

4 外国人労働者が不法就労であることがわかったら?

●雇用前に判明すれば不採用に

外国人は、入国の際に与えられた在留資格の範囲内で、かつ、定められた在留期間に限って就労が認められます。雇用前に外国人が不法就労であることが判明すれば、採用してはいけません。不法就労者を雇用することは法律で禁止されています。

企業が、不法就労外国人であることを知らずに雇用した場合には、処罰されることはありません。

しかし、雇用契約を結ぶにあたって、状況から見て、その可能性があるにもかかわらず、当該外国人の在留資格や在留期限の確認を怠ってあえて雇用した場合には、不法就労助長罪にあたり、処罰される可能性があります。

外国人の採用面接では、仕事の内容が在留資格の範囲内か、在留期限を過ぎていないかをパスポート・在留カード等で必ず確かめましょう。

●雇用後に不法就労が判明したら

では、雇用後に不法就労であることが判明したらどうしたらいいでしょうか。

例えば、外国人本人が提出した資料等が偽造だったことが判明して不法就労であることが明らかになったりした場合等が考えられます。

このような場合、不法就労となる事由が生じたことになりますので、就労させてはいけません。不法就労が解消できない場合は、就業規則等に従って解雇の手続きを踏む必要があります。

この点、解雇できることを明確にするため、不法就労となった場合には退職・解雇となることを就業規則等に規定しておくといいでしょう。解雇をした後、当該外国人に出国命令制度等について説明し、本人が入国管理局へ出頭するように促しましょう。

また、不法就労の可能性のある外国人社員が逃亡し、連絡がとれなくなる事案が多く発生しています。その場合、当該外国人が行方不明になったことを、入国管理局に対し、速やかに文書で申告しておきましょう。

不法就労が判明したら？

不法就労の３つのケース

① 不法滞在者が働くケース

　例）在留期限の切れたオーバーステイの外国人が働く場合

② 入国管理局から働く許可を受けていないのに働くケース

　例）観光や知人訪問の目的で入国した外国人が働く場合

　例）留学生の外国人が資格外活動許可を受けずにアルバイトで働く場合

③ 入国管理局から認められた範囲を超えて働くケース

　例）料理店のコックとして働くことを認められた外国人が機械工場で単純労働者として働く場合

■雇用前に判明すれば採用しない

・不法就労者を雇用することは法律で禁止

　⇒外国人の採用面接では、仕事の内容が在留資格の範囲内か、在留期限を過ぎていないかをパスポート・在留カード等で確認（第２章６項の図参照）。

■雇用後に不法就労が判明したら

・外国人本人が提出した資料等が偽造だったことが判明して不法就労であることが明らかになったりした場合等

　⇒不法就労となった場合には退職・解雇となることを就業規則等に規定しておく。

　⇒解雇をした後、当該外国人に出国命令制度等について説明し、本人が入国管理局へ出頭するように促す。

5 外国人労働者が労働保険・社会保険に加入したがらない場合は？

●外国人労働者であっても原則加入

日本で勤務する外国人労働者は、原則として、労働保険と社会保険に加入することが法令で義務付けられています。

企業及び労働者に課せられている義務であり、たとえ外国人労働者が加入したがらないとしても、企業としては加入の手続きを行ない、保険料の天引きを行なった上で給与を支給しなければなりません。この点、日本人と外国人の取扱いは同じです。

●加入の義務及びメリットの説明をする

外国人労働者の中には、給与から保険料が天引きされる、年金保険料が掛け捨てになると思っているなどの理由により、加入したがらない場合があります。

このような場合、外国人社員に対し、労働保険・社会保険の加入が法的に規定された義務であり、加入の手続きや給与からの天引きを行なわないと、企業側が罰則を受けることになる旨を伝えてください。

また、加入のメリットについても説明しましょう。

雇用保険は従業員が退職した後、生活の安定のため、一定の雇用期間がある者に対して失業中に一定の期間給付されるものであることを説明しましょう。

健康保険については病気や怪我・出産で会社を休んだとき、治療費や生活の保障のための傷病手当金の給付等のメリットがあることを伝えてください。

厚生年金に関しては通常の老齢年金の他、重大な障害で働けなくなったときの保障があること、同時に外国人には帰国したときには、脱退一時金の制度を利用すると払った保険料が一部戻ってくる場合があることを説明すればよいでしょう。

外国人労働者の入社後、トラブルにならないよう、面接及び入社の時点で十分に説明しておきましょう（詳しくは付録6、7）。

それでも加入をしたがらない外国人労働者については、後にトラブルとなる可能性がありますので、採用しないほうが賢明といえます。

労働保険・社会保険加入の義務及びメリット

■義務

労働保険・社会保険の加入は法令に基づく義務

⬇ 加入しないと……

企業側が罰則を受けたり、
遡及して保険料の支払いを求められることがある

■メリット

●雇用保険

退職した際に、一定の雇用期間がある場合に、失業中に一定の期間、失業手当を受けられる。

●健康保険

医療費負担が軽減される。傷病手当金、高額療養費等の給付を受けられる。

●厚生年金

老齢年金の他、障害年金や遺族年金を受けられることがある。帰国の際、脱退一時金制度の利用により保険料の一部が戻ってくる場合がある。

6 外国人労働者が突然出社してこなくなったら？

外国人労働者が日本の職場環境に慣れない、家族が病気になったなどの理由により、母国に急に帰国してしまうことはしばしば見受けられます。

●家族と警察に連絡する

外国人労働者が突然出社してこなくなったら、どうしたらいいのでしょうか。

まずは、職場の同僚等普段関係がある人達に所在を知らないか確認しましょう。それでも全く行方の手がかりがつかめない場合は、事件に巻き込まれたり、何かトラブルに遭ったりしている可能性もありますので、速やかに警察に届出をすることになります。

その上で、母国の家族に連絡をしましょう。母国の家族に連絡をすることで本人の状況が判明することもあります。本人が母国の家族に連絡をとっている可能性があるからです。

そのため、母国の家族に連絡ができるよう、入社の際、家族、友人・知人等複数の緊急連絡先を本人から聞いておくことが大切です。

また、就業規則には、無断欠勤の日数に応じた懲戒処分、及び連絡がとれない場合の自動退職の規定を定めておきましょう。どうしても連絡がとれない場合には、最終的にこれらの規定により雇用契約を終了させることになります。

●入国管理局に報告する

また、行方不明になった外国人労働者が見つからない場合は、入国管理局にも報告しておきましょう。

就労ビザの場合、入国管理局がどの会社の従業員であるかを把握している可能性があります。入国管理局に行方不明になったことを報告しておかないと、何かトラブルを引き起こした場合に会社の従業員のままと思われて、会社が新たにトラブルに巻き込まれるおそれがあります。

外国人雇用では、トラブルが発生した場合に入国管理局にきちんと報告しておくことで、会社が不要な調査を受けたり、不利益を被ることを軽減できますので、速やかに報告できる体制を整えておきましょう。

第8章 | よくある外国人雇用のトラブルQ&A

外国人労働者と連絡がとれなくなったら

入社時に緊急連絡先を複数聞いておく
- 家族
- 友人・知人
- 母国の家族

警察に届け出

入国管理局に報告

↓

会社がトラブルに巻き込まれないように管理体制を整えておこう
- 無断欠勤の日数に応じた懲戒処分
- 連絡が長期間とれない場合の自動退職
- 入国管理局に対する速やかな報告

7 日本人の妻がいる外国人労働者が離婚したら？

●在留資格の変更が必要になる場合がある

日本人の妻がいる外国人労働者で、日本人の配偶者等」の場合、妻と離婚したら、どのような手続きが必要になるのでしょうか。

まずは、外国人労働者本人が14日以内に入国管理局に届出をすることが必要です。

また、離婚により「日本人の配偶者等」の在留資格には当たらないことになりますので、他の在留資格への変更が必要になります。

例えば、日本人の配偶者との間に子どもがいる場合は、一定の条件を満たせば「定住者」の在留資格を取得できる可能性があります。この在留資格は、就労上の制限について、「日本人の配偶者等」と変わらないので、デメリットはありません。

子どもがいない場合は、一般的には「人文知識・国際業務」「技術」「技能」等の就労資格に変更することになりますが、これらは就労に関する制限があります。したがって、業務内容を変えるような人事異動ができなくなります。

さらに、上記の在留資格に相当する専門的な学歴や経験を持っていない場合には、在留資格を変更することができず日本に在留できなくなる可能性もありますので、対応につき専門家に相談することが必要です。

●身分関係を把握しておく

会社が外国人労働者の身分関係の変更を把握していないと、離婚して「日本人の配偶者等」の在留資格の実質がない外国人労働者の雇用をそのまま継続してしまうおそれがあります。

会社としては、外国人労働者の身分関係を把握しておく必要があります。外国人労働者の家族関係を随時、把握しておく必要があります。外国人労働者に対して、身分関係に変更が生じる場合には、速やかに会社に報告するよう注意喚起しておきましょう。

また、雇用時に、身分関係の在留資格を有する外国人労働者に対しては、離婚等の身分関係の在留資格に変更が生じた場合には、他の在留資格への変更が必要になる場合があることを説明しておきましょう。

日本人の妻がいる外国人労働者が離婚した場合

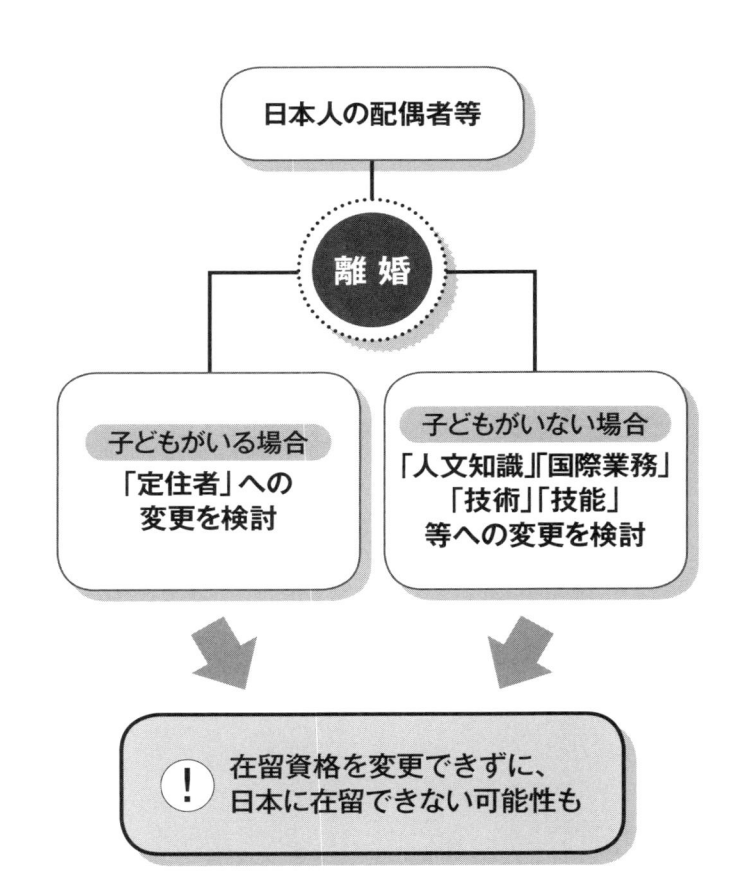

```
            日本人の配偶者等
                 │
              ( 離 婚 )
              ┌──┴──┐
   子どもがいる場合    子どもがいない場合
   「定住者」への     「人文知識」「国際業務」
    変更を検討       「技術」「技能」
                    等への変更を検討
              └──┬──┘
                 ▼
        ⚠ 在留資格を変更できずに、
          日本に在留できない可能性も
```

POINT

いずれも一定の条件を満たすことが必要なので、専門家に相談しよう。外国人労働者に対して、身分関係に変更が生じる場合は事前に報告するよう注意喚起しておくことも必要

8 外国人労働者から家族を日本に呼び寄せたいと相談を受けたら?

●家族を呼び寄せるには

呼び寄せる家族が日本に滞在する期間の長短、活動内容によって必要な手続きが異なります。

親族の一時的な訪問、所用を済ませるという目的であれば、「短期滞在」という在留資格により呼び寄せることになります。在留期間は15日、30日または90日です。

他方、親族に長期間滞在してもらって、日本での暮らしを助けてもらう場合には、「家族滞在」という在留資格により呼び寄せることになります。

外国人労働者が家族を呼び寄せる場合には、一般的には家族滞在の在留資格を取得することが多いでしょう。

具体的な手続きとしては、日本国内で在留資格認定証明書の交付を受け、母国の扶養家族が在留資格認定証明書を自国の日本大使館、領事館に持参してビザの発給を受けることになります(第4章7項参照)。

●「家族滞在」の在留資格

「家族滞在」の在留資格は、就労資格(「人文知識・国際業務」「技能」等)や勉学等(「文化活動」「留学」

等)の在留資格のある者が、家族を呼び寄せ、扶養を受ける配偶者や子が日常的な活動をするためのものです。

「家族滞在」の在留資格が認められるのは、配偶者または子に限られます。その他の親族(父母、兄弟等)は原則として含まれません。

また、外国人労働者が扶養の意思があり、扶養することが可能な資金的裏付けを有すること、家族が現に扶養者の扶養を受け、または監護・教育を受けていることが必要となります。

また、「家族滞在」の在留資格で行なえる活動は、配偶者または子としての日常的な活動に限られ、基本的には就労活動を行なうことはできません。

アルバイト等、一時的に就労したい場合には、資格外活動許可を取得する必要があります。この場合、1週間に28時間以内という時間制限がありますので、これらの外国人を雇用する会社としては制限時間を超えないよう、きっちりと時間管理をしましょう。

外国人労働者の家族を日本に呼び寄せる場合

家族滞在 (一般的に 多いケース)	親族に長期間滞在してもらって、日本での暮らしを助けてもらう場合	原則として、扶養者の在留期間と同じ在留期間
短期滞在	親族の一時的な訪問、所用を済ませる場合	在留期間は15日、30日、90日のいずれか

「家族滞在」のポイント

家族滞在＝就労資格（「人文知識・国際業務」「技能」等）や勉学等（「文化活動」「留学」等）の在留資格のある者が、家族を呼び寄せ、扶養を受ける配偶者や子が日常的な活動をするためのもの

- ☑ 配偶者または子に限られる
- ☑ 配偶者または子としての日常的な活動に限られ、基本的には就労活動を行なうことはできない
- ☑ アルバイト等、一時的に就労したい場合には、資格外活動許可を取得する

9 外国人労働者が労働災害にあったら？

外国人労働者が業務上、事故で怪我をした場合、どうすればいいのでしょうか。

● 労災の適用

労災保険とは、労働者が業務上の災害や通勤による災害を受けた場合に被災労働者や遺族を保護するために必要な保険給付を行なうものです。

労働者を1人でも雇っている事業主は、原則として労災保険に加入しなければなりません。

労災手続きについては、外国人に対しても日本人と同様の手続きを行なう必要があります。

その事故が業務上であると認められれば、その事業主と使用関係がある外国人労働者がどのような在留資格であっても適用になります。

例えば、留学生などがアルバイト中に事故にあってしまったときも適用になりますし、不法就労者でも労災の給付の対象となり、労災保険が適用されます。

● 労災手続きを行なう

労災事故の手続きは、事業所を管轄する労働基準監督署に対して行ないます。

まず、死傷病報告を、労働基準監督署に対して速やかに行ないます。労災事故が発生した場合、労働基準監督署にその事故を報告しなかったり、虚偽の報告を行なったりした場合には、刑事責任に問われることがありますので、注意してください。

また、治療を行なう病院に対して療養補償給付の支給申請を、労働基準監督署に対して休業補償給付の支給申請を行ないます。

休業補償の給付に関しては、傷病が固定するまでの申請になります。

症状固定の場合で障害が残った場合には、障害補償給付の手続き、死亡した場合には遺族補償給付の手続きを行なうことになります。

これらの請求の手続きをするのは、労働者本人または遺族ですが、外国人労働者の場合は、言語の問題、労災保険制度の理解不足などの問題がありますので、会社は、労災保険給付の手続きを手助けしてあげましょう。

労災保険給付の概要

業務災害・通勤災害による傷病等

├─ 死亡
├─ 負傷・疾病 →

療養（補償）給付

療養の給付
労災病院や労災指定医療機関等で療養を受けるとき

療養の費用
労災病院や労災指定医療機関等以外で療養を受けるとき

休業（補償）給付
傷病の療養のため労働することができず、賃金を受けられないとき

傷病（補償）年金
療養開始後1年6カ月たっても傷病が治ゆ（症状固定）しないで障害の程度が傷病等級に該当するとき

（死亡／治ゆ）

遺族（補償）給付

年金
労働者が死亡したとき

一時金
労働者が死亡し、遺族（補償）年金を受け得る遺族がまったくいないとき等

障害（補償）給付

一時金
傷病が治ゆ（症状固定）して障害等級第8級から14級までに該当する身体障害が残ったとき

年金
傷病が治ゆ（症状固定）して障害等級第1級から7級までに該当する身体障害が残ったとき

葬祭料（葬祭給付）
労働者が死亡したとき

介護（補償）給付
障害（補償）年金または傷病（補償）年金の一定の障害により、現に介護を受けているとき

出所：厚生労働省「労災給付の概要」をもとに作成

付録

すぐに使える
外国人雇用のツール集

付録1｜筆記試験

筆記試験（ひっきしけん）

【問題（もんだい）1】
次の言葉を並びかえて文章を作ってください。
（つぎの　ことばを　ならびかえて　ぶんしょうを　つくって　ください。）

（1）しょくじを ／ かれは ／ います ／ せきを ／ するために ／ はずして ／ 。
（2）ごらん ／ わたしの ／ ください ／ りれきしょを ／ 。
（3）います ／ ぶちょうは ／ おきゃくさまと ／ かいぎしつに ／ 。

【問題（もんだい）2】
次の質問に50字以内の日本語で答えてください。
（つぎの　しつもんに　50じいないの　にほんごで　こたえて　ください。）

（1）あさ　なにを　たべましたか。
（2）きょう　めんせつの　かいじょうまで　どうやって　きましたか。
（3）にほんで　いんしょうに　のこった　できごとは　なんですか。

【問題（もんだい）3】
次の質問に200字以内の日本語で答えてください。
（つぎのしつもんに200じいないのにほんごでこたえてください。）

（1）なぜ仕事をするのですか。
（2）なぜ日本で働きたいのですか。
（3）あなたの5年後、10年後の目標は何ですか。

以　上（いじょう）

付録 | すぐに使える外国人雇用のツール集

付録2 | 労働条件通知書（英語版）

Notice of Employment
労働条件通知書

To: _____ 殿

Date: _____
年月日
Company's name _____
事業場名称（ローマ字で記入）
Company's address _____
所在地（ローマ字で記入）
Telephone number _____
電話番号
Employer's name _____
使用者職氏名（ローマ字で記入）

I. Term of employment
   契約期間
   Non-fixed,   Fixed   (From   to   )
   期間の定めなし 期間の定めあり（※）（ 年 月 日 ～ 年 月 日）

II. Place of employment
    就業の場所

III. Contents of duties
     従事すべき業務の内容

IV. Working hours, etc.
    労働時間等
  1. Opening and closing time:
     始業・終業の時刻等
    (1) Opening time (   ) Closing time (   )
        始業（ 時 分）   終業（ 時 分）
    [If the following systems apply to workers]
    【以下のような制度が労働者に適用される場合】
    (2) Irregular labor system, etc.: Depending on the following combination of duty hours as an irregular (   ) unit work or shift system.
        変形労働時間制等；（ ）単位の変形労働時間制・交代制として、次の勤務時間の組み合わせによる。
        ┌ Opening time (   ) Closing time (   ) (Day applied:)
        │ 始業（ 時 分）   終業（ 時 分）   適用日
        ├ Opening time (   ) Closing time (   ) (Day applied:)
        │ 始業（ 時 分）   終業（ 時 分）   適用日
        └ Opening time (   ) Closing time (   ) (Day applied:)
          始業（ 時 分）   終業（ 時 分）   適用日
    (3) Flex time system: Workers determine opening and closing time.
        フレックスタイム制；始業及び終業の時刻は労働者の決定に委ねる。
        [However,   flex time: (opening) from   to   ;
        （ただし、フレキシブルタイム （始業） 時 分から 時 分
                                     (closing) from   to   ]
                                     （終業） 時 分から 時 分、
                    Core time: from (opening)   to (closing)   ]
                    コアタイム   時 分から 時 分
    (4) System of deemed working hours outside workplace: Opening (   ) Closing (   )
        事業場外みなし労働時間制；始業（ 時 分）終業（ 時 分）
    (5) Discretionary labor system: As determined by workers based on opening (   ) closing (   )
        裁量労働制；始業（ 時 分）終業（ 時 分）を基本とし、労働者の決定に委ねる。
    ○ Details are stipulated in Article (   ), Article (   ), Article (   ) of the Rules of Employment
      詳細は、就業規則第 条～第 条、第 条～第 条、第 条～第 条
  2. Rest period (   ) minutes
     休憩時間（ ）分
  3. Presence of overtime work (Yes: No:)
     所定時間外労働の有無（ 有 ， 無 ）

169

V. Days off
   休日
   ・Regular days off: Every (　　　), national holidays, others (　　　　　　)
   　定例日；毎週　曜日、国民の祝日、その他 (　　　　　　)
   ・Additional days off: (　　　) days per week/month, others (　　　　　　)
   　非定例日；週・月当たり　　日、その他 (　　　　　　)
   ・In the case of irregular labor system for each year: (　　　) days
   　1年単位の変形労働時間制の場合一年間　　　日
   ○ Details are stipulated in Article (　　), Article (　　), Article (　　) of the Rules of Employment
   　詳細は、就業規則第　　条～第　　条、第　　条～第　　条

VI. Leave
    休暇
    1. Annual paid leave:　Those working continuously for 6 months or more, (　　) days
       年次有給休暇　　　6か月継続勤務した場合→　　日

       Those working continuously up to 6 months, (Yes: No:)
       継続勤務6か月以内の年次有給休暇 (有 , 無)
       → After a lapse of (　　) months, (　　) days
       　　か月経過で　　日
    2. Other leave:　　Paid (　　　　　)
       その他の休暇　　　有給 (　　　　　)
       　　　　　　　　　Unpaid (　　　　　)
       　　　　　　　　　無給 (　　　　　)

    ○ Details are stipulated in Article (　　), Article (　　), Article (　　) of the Rules of Employment
    　詳細は、就業規則第　　条～第　　条、第　　条～第　　条

VII. Wages
     賃金
     1. Basic pay　　(a) Monthly wage (　　　　yen)　(b) Daily wage (　　　　yen)
        基本賃金　　　　　月給 (　　　　円)　　　　　　日給 (　　　　円)
        　　　　　　(c) Hourly wage (　　　　yen)
        　　　　　　　　時間給 (　　　　円)、
        　　　　　　(d) Payment by job (Basic pay:　　　　yen; Security pay:　　　　yen)
        　　　　　　　　出来高給（基本単価　　　　円、保障給　　　　円）
        　　　　　　(e) Others (　　　　yen)
        　　　　　　　　その他 (　　　　円)
        　　　　　　(f) Wage ranking stipulated in the Rules of Employment
        　　　　　　　　就業規則に規定されている賃金等級等

     2. Amount and calculation method for various allowances
        諸手当の額及び計算方法
        (a) (　　　) allowance:　　yen;　Calculation method:　　　　　)
        　　(　　　) 手当　　　　　円/　計算方法：　　　　　　　　　)
        (b) (　　　) allowance:　　yen;　Calculation method:　　　　　)
        　　(　　　) 手当　　　　　円/　計算方法：　　　　　　　　　)
        (c) (　　　) allowance:　　yen;　Calculation method:　　　　　)
        　　(　　　) 手当　　　　　円/　計算方法：　　　　　　　　　)
        (d) (　　　) allowance:　　yen;　Calculation method:　　　　　)
        　　(　　　) 手当　　　　　円/　計算方法：　　　　　　　　　)

     3. Additional pay rate for overtime, holiday work or night work
        所定時間外、休日又は深夜労働に対して支払われる割増賃金率
        (a) Overtime work:　Legal overtime (　　) %　　Fixed overtime (　　) %
        　　所定時間外　　　法定超 (　　) %、　　　　所定超 (　　) %、
        (b) Holiday work:　Legal holiday work (　　) %　Non-legal holiday work (　　) %
        　　休日　　　　　　法定休日 (　　) %、　　　　法定外休日 (　　) %、
        (c) Night work (　　) %
        　　深夜 (　　) %
     4. Closing day of pay roll: (　　) of every month;　(　　) of every month
        賃金締切日　　　　　　(　　) -毎月　　日、(　　) -毎月　　日

170

5. Pay day: (   ) of every month;   (   ) of every month
　賃金支払日   (   )―毎月   日、(   )―毎月   日
6. Method of wage payment (   )
　賃金の支払方法（   ）
7. Deduction from wages in accordance with labor-management agreement : [No: Yes: (   )]
　労使協定に基づく賃金支払時の控除（ 無 , 有 (   )）
8. Wage raise : (Time, etc.   )
　昇給   （時期等   ）
9. Bonus :   [Yes: (Time and amount, etc.   ); No:]
　賞与   (有（時期、金額等   ), 無)
10. Retirement allowance :   [Yes: (Time and amount, etc.   ); No:]
　退職金   (有（時期、金額等   ), 無)

VIII. Items concerning retirement
　退職に関する事項
1. Retirement age system   [Yes: (   ) old;   No:]
　定年制   (有 (歳), 無)
2. Continued employment scheme   [Yes: (Up to   years of age); No:]
　継続雇用制度   (有(歳まで), 無)
3. Procedure for retirement for personal reasons [Notification should be made no less than (   ) days before the retirement.]
　自己都合退職の手続（退職する   日以上前に届け出ること）
4. Reasons and procedure for the dismissal:
　解雇の事由及び手続

　[
　
　
　
　]

○ Details are stipulated in Article (   ), Article (   ), Article (   ) of the Rules of Employment
　詳細は、就業規則第   条～第   条、第   条～第   条

IX. Others
　その他
・Joining social insurance [Employees' pension insurance; Health insurance; Employees' pension fund; other: (   )]
　社会保険の加入状況（ 厚生年金   健康保険   厚生年金基金   その他（   ））
・Application of employment insurance: (Yes: No:)
　雇用保険の適用（ 有 , 無 ）
・Others
　その他

※ To be entered in case where, with regard to "Period of contract," you answered: "There is a provision for a certain period."
「契約期間」について「期間の定めあり」とした場合に記入

Renewal 更新の有無	1. Renewal of contract 契約の更新の有無 [The contract shall be automatically renewed. ・ The contract may be renewed. 　自動的に更新する　　　　　　　　　更新する場合があり得る 　The contract is not renewable. ・ Others ( )] 　契約の更新はしない　　　　その他（ ） 2. Renewal of the contract shall be determined by the following factors: 契約の更新は次により判断する ・Volume of work to be done at the time the term of contract expires 　契約期間満了時の業務量 ・Employee's work record and work attitude ・Employee's capability 　勤務成績、態度　　　　　　　　　　　　能力 ・Business performance of the Company ・State of progress of the work done by the employee ・Others ( ) 　会社の経営状況　　　　　　　従事している業務の進捗状況　　　　　　　その他（ ）

Employee (signature) _____
受け取り人（署名）

出所：厚生労働省「外国人労働者向けモデル労働条件通知書」

付録3｜入社誓約書

株式会社○○
代表取締役　　　　殿

誓　約　書

この度、私は、貴社に採用され社員として入社するにあたり、以下の事項を遵守することを誓約致します。

第1条（服務規律）
　1　貴社の就業規則及び諸規程を遵守し、上長の指示に従い、誠実に勤務する。
　2　勤務内容の変更、勤務場所の異動等について、貴社の指示に従う。
　3　履歴書及び職務経歴書等、提出書類の記載に虚偽がないことを誓約する。
　4　貴社の信用及び名誉を毀損する行為をしないことを誓約する。

第2条（守秘義務）
貴社において業務上知り得た機密に属する情報（顧客、取引先、提携先に関する情報、企画案、ノウハウ、データ、ID、パスワード等を含む。）につき、厳重な守秘義務を負い、在職中及び退職後、書面及び口頭等を問わず、いかなる方法をもってしても、第三者に、開示、漏洩若しくは使用しないものとする。

第3条（契約終了時の返還義務の遵守）
労働契約が終了した場合、貴社のすべての資料（顧客名簿等に関するパソコン内のデータを含む。）、貴社より貸与された名刺、制服、機器類等のすべての貸与物を直ちに返還し、コピー、メモ、データその他形式の如何を問わず、一切私的に保有しないことを誓約するものとする。

第4条（補償）
自らの労働契約上の義務違反、又は故意若しくは過失により、貴社が損害を被ったときは、貴社に対し、その損害の賠償を負担することを誓約するものとする。

　　　　　　　　　　　　　　　　　　　　　　　年　　　月　　　日
　　　　　　　　　　　　　住　　所
　　　　　　　　　　　　　氏　　名　　　　　　　　　　　　　　　印

付録4｜秘密保持誓約書

株式会社○○
代表取締役　　　　　殿

秘密保持に関する誓約書

この度、私は、貴社に採用され社員として入社するにあたり、以下の事項を遵守することを誓約致します。

第1条（秘密保持の誓約）
貴社の就業規則及び諸規程を遵守し、以下に掲げる貴社の営業上又は技術上の情報（以下「秘密情報」という。）について、貴社の許可なく、いかなる方法をもってしても、開示、漏洩若しくは使用しないことを誓約する。
　① 製品開発、製造及び販売における企画、技術資料、製造原価、価格決定等の情報
　② 財務、人事等に関する情報
　③ 取引先との契約、業務提携、技術提携等に関する情報
　④ 取引先に関する情報
　⑤ 前各号の他、貴社が秘密保持すべき対象として指定した情報

第2条（秘密情報の帰属）
秘密情報については、貴社が業務上作成又は入手したものであり、秘密情報の帰属が貴社にあることを確認する。

第3条（退職後の秘密保持）
秘密情報については、貴社を退職した後においても、開示、漏洩若しくは使用しないことを誓約する。

第4条（損害賠償）
前各条に違反して、貴社の秘密情報を開示、漏洩若しくは使用した場合、貴社が被った損害を賠償することを誓約する。

　　　　　　　　　　　　　　　　　　　　　　　　　年　　月　　日

　　　　　　　　　　　　住　所

　　　　　　　　　　　　氏　名　　　　　　　　　　　　　　　印

付録5｜身元保証書

身 元 保 証 書

使用者（　　　　）を甲、被用者を乙、身元保証者を丙とし、甲丙間において以下のとおり契約する。

第1条
乙が甲乙間の雇用契約に違反し、又は故意若しくは過失によって、甲に、金銭上又は業務上信用上損害を被らしめたときは、丙は直ちに乙と連帯して甲に対して、損害を賠償するものとする。

第2条
本契約の存続期間は本契約成立の日から5年間とする。

第3条
甲は、以下の場合においては、遅滞なくこれを丙に通知しなければならない。
　① 乙の業務上不適任又は不誠実な事跡があって、このために丙の責任を引き起こす恐れがあることを知ったとき。
　② 乙の任務又は任地を変更し、このために丙の責任を加重し又はその監督を困難ならしめるとき。

上記契約を証するため、本証書3通を作成し、署名押印の上、各自その1通を所持する。

　　　　　　　　　　　　　　　　　　　　　年　　月　　日

　　　　　　（甲）住所

　　　　　　　　　氏名　　　　　　　　　　印

　　　　　　（乙）住所

　　　　　　　　　氏名　　　　　　　　　　印

　　　　　　（丙）住所

　　　　　　　　　氏名　　　　　　　　　　印

付録 | すぐに使える外国人雇用のツール集

付録6 | 外国人労働者に「税金」を説明する資料

Taxation

1 Income Tax

Income tax is levied on a person's income earned between January 1 and December 31. You can pay your taxes in one of the following two ways:

• Between February 16 and March 15, you must calculate your income earned during the year and declare the tax to your local tax office, or

• Your tax is automatically deducted directly from your salary each month under a withholding tax system.

(1) Withholding Tax

The income tax your employer deducts from your wages and pays to the national government is called a withholding tax. You will receive a statement from your employer(s) that indicates the salary you received between January 1 and December 31 and the total amount of tax withheld. Called a Withholding Tax Statement (*gensen choshu hyo*), this statement is required when making declarations stated in (3).

(2) Year-end Adjustment

If income tax is deducted from your salary under the withholding tax system, your employer will carry out a year-end adjustment at the time of your final pay of the year to calculate any excess or shortfall in taxation paid over the year.

(3) Final Tax Return

If one or more of the items below apply, you must calculate your earned income from the previous year (Jan. 1 to Dec. 31) and the amount of tax you are responsible to pay. Then you must declare these calculations to your local tax office and pay your income tax between February 16 and March 15. See your local tax office to obtain the documents needed to make declarations.

• The total of your business and/or real estate earnings exceed the designated amount;

- You receive salaries from 2 or more sources; or
- You receive certain income other than a regular salary.

A tax refund may be given from a final tax return if the salary earner had tax withheld, and paid a large amount of medical bills, or took out a designated type of loan to purchase a house.

(4) When Leaving Japan for a Year or More
If you are required to file a final tax return but leave Japan before the due date mentioned above, you must carry out the following procedures:

- With regard to payment of taxes after you have left Japan, designate a proxy to pay your taxes on your behalf, and then register the person's name at the tax office. Your proxy will file your final tax return on your behalf.

- If you do not have a proxy, declare and pay your final tax return yourself before you leave Japan.

2 Inhabitant's Tax
Everyone living in Japan who had a Japanese address as of January 1st is required to pay both prefectural and municipal inhabitant's taxes. These taxes are calculated on the basis of your previous year's income.

(1) Salaried Workers
The office of the mayor in the municipality you were living in as of January 1 calculates the amount of inhabitant's tax you owe based on records of payment submitted by your employer. This office then notifies your employer of the amount, generally by May 31. Your employer then deducts this amount from your salary in 12 installments (from June to May of the following year) and makes payments to your municipality.

(2) Non-Salaried Workers (income from business or rent)
The office of the mayor in the municipality you were living as of January 1 calculates the amount of inhabitant's tax you owe based on your declaration. Municipalities accept inhabitant's tax declarations until March 15.

If you have filed a final tax return for your income tax, you do not need to file an inhabitant's tax declaration. The municipality where you resided as of January 1 will calculate and send you a notification of the tax you owe. This tax is payable in 4 installments in June, August, October, and January of the following year. Please note that payment schedules vary according to the municipality.

(3) When Leaving Japan for a Year or More

If you wish to make your inhabitant's tax payment after you leave Japan, you must appoint a proxy to take care of tax matters on your behalf and notify your local municipal or ward office of your decision. Alternatively, you can make a full payment of your inhabitant's tax before you leave.
For further information, contact the Inhabitant's Tax Division of your local municipal or ward office.

3 Other Major Taxes

(1) National and Prefectural Consumption Tax
An 8% consumption tax is levied on the sum of the purchase or rental of goods and services excluding medical treatment, social services, and education.

(2) Automobile Tax
An automobile tax is levied on owners of motor vehicles as of April 1, and payment is made through the notification sent from the Prefectural Automobile Taxation Office in May.

(3) Light Automobile Tax
A tax for automobiles or motorcycles with an engine capacity of 660 cc or less is levied on owners as of April 1, and payment is made through the notification sent from the Prefectural Automobile Taxation Office in May.

出所：都道府県「外国人の生活ガイド」をもとに作成

付録7 | 外国人労働者に「年金」を説明する資料

Pension

In order to provide a stable livelihood and financial security after retirement, all residents of Japan must join the National Pension Plan. This plan provides a basic pension to all subscribers. Besides the pension provided to people over 65, a disability pension is available to people who are left handicapped after illness or an accident. In addition, if the primary breadwinner of the household dies, the bereaved family is entitled to receive a bereaved family pension. The Employee's Pension Insurance Plan and Mutual Aid Pension Plan are other plans which provide additional pension payments on top of the basic pension, which are proportional to one's contributions.

1. National Pension Plan

All residents of Japan between the ages of 20 and 59, regardless of their nationality, are required to join the National Pension Plan. To apply, please contact the National Pension Counter at your local municipal or ward office. Those who subscribe to the Employee's Pension Insurance Plan are not required to complete any additional paperwork to join the National Pension Plan. Pension payments are paid to subscribers (or their dependents) who have maintained premium contributions.

(1) Premium Contributions

The premium contributions are the same for all members of the plan. The Japan Pension Service will send you an Insurance Premium Payment Statement, which states the amount to be paid and date it is due.

(2) Types of Pension Benefits

A. The following basic pension benefits are paid under prescribed conditions. Even if you live outside of Japan, you can receive these pensions.

a) Elderly Basic Pension: If you have maintained payment of premium contributions for 25 years or more in principle, you become eligible to receive this pension on your 65th birthday.

b) Disability Basic Pension: This pension provides financial assistance to the subscribers of the National Pension Plan who visited a medical institution for the first time during the subscription period and have become disabled by disease or injury. The value of the pension is proportionate to the degree of disability.

c) <u>Survivors Basic Pension</u>: When a subscriber or those who meet the subscription requirements for an early pension, etc. dies, a pension is paid to the subscriber's wife who has children or to the subscriber's child. (In the case of a child, s/he can receive this pension until the end of the fiscal year when s/he reaches the age of 18. In the case of a child with disabilities, s/he can receive this pension until s/he reaches the age of 20. However, someone who is married cannot receive this pension.)

B. Other benefits

a) <u>Widow's pension</u>

In the event the husband who paid premiums on the pension for 25 or more years dies without receiving elderly or disability pension, this benefit is paid to the wife from the age of 60 to 65 provided that she was married to the deceased for 10 continuous years or more and lived on the deceased's income.

b) <u>Death payment</u>

In the event insurance premiums for the pension were paid for a period of 36 months or more and the beneficiary died without receiving elderly or disability pension, this benefit is paid to the deceased's cohabiting family.

(3) Lump Sum Refund

If you apply within 2 years of leaving Japan, you may be eligible for a lump sum refund of your contributions to the National Pension Plan. You will be required to forfeit your subscription to your pension plan and meet all of the following conditions:

a) You do not possess Japanese citizenship
b) You were the primary subscriber to the pension plan and maintained payment of premium contributions for a minimum of 6 months
c) You no longer have an address in Japan
d) You are not qualified to receive an elderly pension benefit
e) You have never had the right to receive a pension (elderly, disability)

In order to receive the lump sum refund, you must perform the following procedures:
a) Obtain a "Request for Arbitration for Lump-sum Withdrawal Benefit" (*dattai ichiji kin saitei seikyuusho*) form from your local municipal or ward office or pension office before you leave Japan.
b) After you leave Japan, fill in the above-mentioned form and send it with the necessary documents to the following address:
Japan Pension Service Headquarters
3-5-24 Takaido-nishi, Suginami-ku
Tokyo, JAPAN 168-8505

2. Employee's Pension Insurance
People under the age of 70 who work for an organization that offers employee's health insurance must join the Social Insurance Plan. People over the age of 60 may be eligible to pay reduced premiums.

(1) Premium Contributions
The monthly premium is calculated by multiplying your monthly salary (including benefits) and standard bonus by the premium rate. Your employer pays half of the monthly premium and the remaining half is usually deducted from your salary and bonus.

(2) Types of Pension Benefits
a) Employee's Elderly Pension
In the event a person with an elderly pension has an employee's pension subscription period, this pension will be paid in addition to the elderly basic pension (from age 65).
(In the event the employee's pension subscription is more than 1 year, pension will be paid from before the age of 65 in accordance with the date of birth.)
b) Employee's Disability Pension
In the event a beneficiary of the Employee's Pension Insurance who visited a medical institution for the first time during the subscription period has become disabled, payment is made to him/her in accordance with the level of disability. (If the disability is severe, this will be paid together with the disability basic pension.)

c) Employee's Survivors Pension
In the event a subscriber to a pension or one who meets the subscription requirements for the early pension, etc. dies, the following surviving family members who lived on his/her income will be paid.
1. Wife with children*, or children*
2. Wife without children
3. Grandchildren*
4. Husband, mother/father, grandmother/grandfather who are age 55 or older at the time of death (payment commences at age 60)
* In the case of a child, s/he can receive this pension until the end of the fiscal year when s/he reaches the age of 18. In the case of a child with disabilities, s/he can receive this pension until s/he reaches the age of 20. However, someone who is married cannot receive this pension.
Throughout the payment period, this pension will be paid together with the basic pension for surviving family members.

(3) Lump Sum Refund

The procedures and conditions for applying for a lump sum refund of your Employee's Pension Plan contributions are the same as the National Pension Plan. However, in the case of the Employee's Pension Insurance Plan, 20% of the lump sum refund payment will be withheld as income tax.

Before departing Japan, if you submit a "Declaration Naming a Person to Administer the Taxpayer's Tax Affairs" (*nouzei kanrinin no todokedesho*) form to your jurisdiction's tax office (thereby appointing a Tax Representative), your Tax Representative may apply to claim this withheld income tax on your behalf.

出所：都道府県「外国人の生活ガイド」をもとに作成

付録8 | 外国人労働者に「在留管理制度」を説明する資料

Residency Management System

(1) Status of Residence and Period of Stay

Your status of residence and period of stay were approved when you entered Japan, and this information is indicated in your passport. There are 27 types of resident statuses. Excluding the resident statues of Permanent Residency, Japanese Spouse, and Inhabitant, residents are prohibited from engaging in activities other than those allowed under their status of residence. If you wish to engage in activities other than those permitted under your status of residence, you must first apply for and obtain permission.

If you do not comply with the terms and conditions of your status of residence and period of stay, you may be punished and/or deported.

As a rule, you may only reside in Japan within the granted period of stay, and you may not reside in Japan beyond this period. In the event you wish to stay beyond the granted period of stay, you will need to obtain a renewal permit in advance.

(2) Residence Card

A residence card is issued upon receipt of a residency permit, which includes landing permit, permit to change residency status, and permit to renew residency for a mid to long term resident.

A mid to long term resident is a foreign national who resides in Japan with a residency status under the Immigration Control Act and does not come under the following six conditions:

①Person who holds a residency status of less than 3 months
②Person who holds a short-term residency status
③Person who holds a diplomatic or government employee residency status
④Person who under ministerial law or ordinance is a foreign national who satisfies the conditions of ① through ③.
⑤Special permanent residents
⑥Person who holds no residency status

●Arrival and departure process in Japan

A residence card will be issued to foreigners who upon arrival receive a mid to long term resident landing permit stamp on his/her passport at Narita, Haneda, Chubu, or Kansai Airport.

In the event one enters Japan via other airports, a residence card will be issued after the mid to long term resident files his/her location of residence at the counter of his/her municipality office.

●Municipality Process

People who are new to Japan or who have changed addresses must file the new address at the counter of his/her municipality office. This can be done at the same time as filing for Moving In/Moving Out Notification for the Basic Resident Registration System.

Person New to Japan

A person who is issued a residence card at the airport of departure or arrival must bring this Residence Card to the counter of his/her municipality office within 14 days of establishing his/her place of residence.

Person Who Changes Addresses

If a mid to long term resident changes his/her place of residence, he/she must bring their residence card to the counter of his/her new municipality office within 14 days after moving into a new place of residence.

●Regional Immigration Office Process

Reporting Changes Aside from Residential Address

In the event you report or make any of the following requests, please bring your passport, photos, and residence card. In principle, a new residence card is issued to you on the day of your application.

①Changing Name, Date of Birth, Sex, Nationality, or Region
In the event of changing one's nationality, region, or surname due to marriage or individually changing one's name, date of birth, sex, nationality, or region, please file these changes within 14 days.

②Renewing Residence Card Validation
Permanent residents and residents under the age of 16 whose residence card expires on his/her 16th birthday must file for renewal before the validation period expires.

③Reissuing Residence Card
In the event of loss, theft, destruction, considerable defacement, or damage, please apply for a new residence card.

Reporting Spouse and Affiliate Organization Information
Please have your residence card when you make the following reports. Alternatively, you can report by mail to the Tokyo Immigration Bureau. After reporting this information, a new residence card will not be issued.

①Regarding the Organization to which You Belong
For a mid to long term resident whose work permit type is "Technology" (excludes "Art," "Religion," and "Media") or "Exchange Student," the following changes must be reported within 14 days of occurrence: change of institution to which he/she belongs (e.g. company or school), change of location, institution dissolves, departure (contract with affiliate institution end), and transfers (new contract concluded).

②Regarding Spouse Information
For a spouse who is a mid to long term resident and has a residency status of "Family Stay," "Special Activity (c)," "Spouse of Japanese National," or "Spouse of Permanent Resident," if he/she divorces or becomes widowed, please report this information within 14 days.

Residency Examination
For the following circumstances, you must file and obtain permission before a new residency card is issued. Permission will take a few days to be granted, and for application processes (1), (3), (4), and (7), you will be issued a new Residence Card once permission is granted. Your passport will not be stamped.

①Change of Residency Status
This is done when you wish to change your current residency status (e.g. when a regular or exchange student will work in Japan upon graduation).

②Permit to Engage in Activities That Are Not Permitted Under Residency Status
If you maintain your current residency status and intend to engage in activities that are not allowed under this status (working for compensation, operation a business for profit, etc.), you must obtain permission in advance.

③Residency Status Acquisition
This is needed if you are a foreign national who was born in Japan or a former Japanese national who became a foreign national and will reside in Japan beyond 60 days. This must be reported within 30 days from the day of birth (foreign nationals born in Japan) or when you became a foreign national (Japanese who are foreign nationals).

④Residency Period Renewal
This is done when you wish to extend your currently granted period of residency in order to continue performing the same activities. (Applications for renewal are accepted about 3 months prior to the residency period expiration date.)

⑤Work Permit
This documentation certifies that a foreign national who holds residency status is allowed to work in Japan. (Permission to work can be proved by presenting this documentation to the employer. This makes it easier to become employed.)

⑥Re-entry Permit
In the event you will leave Japan temporarily during your permitted residency, a re-entry permit must be obtained in advance. If a re-entry permit is obtained, your visa (which usually is required) will be waived upon your return to Japan, and your current residency period and status will still be in effect. The validation period of your re-entry permit is 5 years maximum.
However, if you have a valid passport and residence card, a re-entry visa is not necessary when re-entering Japan within 1 year of departure. (If the residency period expires less than 1 year after departure, this date will take precedence).

⑦Permanent Resident Permit
You must obtain this permit when you wish to reside permanently in Japan.

-4-

出所：都道府県「外国人の生活ガイド」をもとに作成

付録9｜退職届（英語版）

Resignation

Date:_____

_____
_____

Dear_____

Please accept this letter as formal notification that I am leaving my position with _____ on _____.

Reason for leaving: Voluntary termination

I would like to thank you for the opportunities you have provided me during my time with the company.
If I can be of any assistance during this transition, please let me know.

Sincerely yours,

Signature:_____

Name:_____

Position:_____

付録10｜就業規則（解雇事由）

（解雇）
従業員が下記の各号の一に該当した場合は、解雇する。

① 勤務成績または業務能率が著しく不良で、向上の見込みがなく、他の職務にも転換できない等、就業に適さないとき
② 勤務状況が著しく不良で、改善の見込みがなく、従業員としての職責を果たし得ないとき
③ 業務上の負傷または疾病による療養の開始後3年を経過しても当該負傷または疾病が治癒しない場合であって、従業員が傷病補償年金を受けているとき、又は受けることとなったとき（会社が打ち切り補償を支払ったときを含む）
④ 適正な雇用管理を行ない、雇用の継続に配慮してもなお、採用後に生じた精神又は身体の障害により業務に耐えられないとき
⑤ 試用期間中又は試用期間満了時までに、従業員として不適格であると認められたとき
⑥ 第●条に定める懲戒解雇事由に該当する事実があるとき
⑦ 事業の運営上のやむを得ない事情又は天災事変、その他これに準ずるやむを得ない事情により、事業の継続が困難となったとき
⑧ 事業の運営上のやむを得ない事情又は天災事変、その他これに準ずるやむを得ない事情により、事業の縮小・転換または部門の閉鎖等を行なう必要が生じ、他の職務に転換させることが困難なとき
⑨ その他前各号に準ずるやむを得ない事情があったとき

（懲戒解雇）
従業員が次のいずれかに該当するときは、懲戒解雇とする。但し、情状により諭旨退職及び出勤停止処分とすることがある。

① 重要な経歴を詐称して雇用されたとき

② 正当な理由なく、所定休日を含み無断欠勤14日以上に及び、出勤の督促に応じなかったとき
③ 正当な理由なく、無断でしばしば遅刻、早退又は欠勤を繰り返し、3回以上にわたって注意を受けても改めなかったとき
④ 正当な理由なく、しばしば業務上の指示・命令に従わなかったとき
⑤ 故意又は重大な過失により会社に重大な損害を与えたとき
⑥ 会社内において刑法その他刑罰法規の各規定に違反する行為を行い、その犯罪事実が明らかとなったとき（当該行為が軽微な違反である場合を除く）
⑦ 素行不良で会社内の秩序又は風紀を著しく乱したとき
⑧ 数回にわたり懲戒を受けたにもかかわらず、なお、勤務態度等に関し改善の見込みがないとき
⑨ 職責を利用して交際を強要し、又は性的な関係を強要したとき
⑩ 許可なく職務以外の目的で会社の施設、物品等を使用したとき
⑪ 職務上の地位を利用して私利を図り、又は取引先等より不当な金品を受け、若しくは求め若しくは供応を受けたとき
⑫ 私生活上の非違行為や会社に対する正当な理由のない誹謗中傷等であって、会社の名誉信用を損ない、業務に重大な悪影響を及ぼす行為をしたとき
⑬ 正当な理由なく会社の業務上重要な秘密を外部に漏洩して会社に損害を与え、又は業務の正常な運営を阻害したとき
⑭ その他前各号に準ずる程度の不適切な行為があったとき

参考文献

『出入国管理（平成25年版）』（法務省入国管理局、2013年）

『注解・判例　出入国管理実務六法（平成26年版）』（出入国管理法令研究会編、日本加除出版、2013年）

『外国人の法律相談Q&A（第二次改訂版）』（第一東京弁護士会人権擁護委員会国際人権部会編、ぎょうせい、2011年）

『外国人の法律相談チェックマニュアル（第4版）』（奥田安弘・長谷川桃著、明石書店、2011年）

『実務家のための入管法入門』（東京弁護士会外国人の権利に関する委員会編、現代人文社、2004年）

『知っておきたい外国人雇用のABC　入管法の基本知識・労務管理・外国人税務』（下﨑寛著、大蔵財務協会、2009年）

『外国人就労者の入国手続・労務管理　改正入管法対応』（布施直春著、中央経済社、2011年）

『外国人のための雇用・受入れ手続マニュアル』（佐野誠、宮川真史、秋山周二著、日本加除出版、2011年）

【著者略歴】

中西優一郎（なかにし ゆういちろう）

弁護士

東京大学法学部卒。東京の外資系法律事務所で渉外弁護士として従事、企業法務に精通している。2012年に「尼崎西宮総合法律事務所」を設立。労働問題のエキスパートとして活躍、外国人の雇用問題に積極的に取り組んでいる。講演等を多数行なう他、ラジオ番組（FMあまがさき「中西優一郎のLaw and Order」）に出演中。外国人ローヤリングネットワーク会員。

【本書のお問い合わせ】

尼崎西宮総合法律事務所
〒660-0861　兵庫県尼崎市御園町5番地　尼崎土井ビルディング6階A
TEL 06-6435-8309　FAX 06-6435-8319
http://www.hanshin-law.com/
MAIL info@hanshin-law.com

図解　トラブルを防ぐ！
外国人雇用の実務

平成26年6月9日　初版発行

著　者　中西優一郎
発行者　中島治久
発行所　同文舘出版株式会社
　　　　東京都千代田区神田神保町1-41　〒101-0051
　　　　電話　営業03（3294）1801　編集03（3294）1802
　　　　振替　00100-8-42935
　　　　http://www.dobunkan.co.jp

©Y. Nakanishi　　　　　　　　ISBN978-4-495-52651-1
印刷／製本：萩原印刷　　　　　Printed in Japan 2014

JCOPY

本書の無断複写は著作権法上での例外を除き禁じられています。複写される場合は、そのつど事前に、（社）出版社著作権管理機構（電話03-3513-6969、ＦＡＸ 03-3513-6976、e-mail : info@jcopy.or.jp）の許諾を得てください。

仕事・生き方・情報をサポートするシリーズ DO BOOKS

series 総務の仕事これで安心

こんなときどうする？　を解決する安心知識
労働基準法と労使トラブルＱ＆Ａ

久保社会保険労務士法人 監修／本体1,600円

パートタイマーの雇止め、メンタルヘルス不調、未払い残業代の請求──総務担当者が対応すべき業務に欠かせないのが「労働基準法」。「こんなときどうする？」と迷わないための安心知識

会社と従業員を守るルールブック
就業規則のつくり方

久保社会保険労務士法人 監修／本体1,600円

各規定のトラブル回避、従業員のモチベーションアップのポイントがよくわかる！　基本の規定を完全網羅し、リスク管理ができる規定例を掲載した安心の1冊

知りたいことだけスグわかる！
社会保険・労働保険の届出と手続き

久保社会保険労務士法人 監修／本体1,500円

手続きの流れを一目で確認できるフローチャートや、書き方のポイントを正しく押さえる書式サンプルなどで迷わず手続きができる！　基礎知識もしっかり身につく基本の1冊

ミスなく進める！
給与計算の実務

久保社会保険労務士法人 監修／本体1,500円

「凡ミスチェック」で給与計算をスムーズに行おう！　労働時間の計算方法から、保険・税金、賞与、年末調整などの複雑な手続きまで、今日から役立つヒントが満載

同文舘出版

本体価格に消費税は含まれておりません。